AF578981

EXTRAIT

D'UN LIVRE ADMIRABLE

QUI SERA

LE TRESOR DES FIDÈLES

DANS LES DERNIERS AGES.

(*Tempus prope est.*)

A AUSBOURG,

DE L'IMPRIMERIE APOSTOLIQUE.

1818.

AVIS

DE L'ÉDITEUR.

Nous avons lu avec intérêt un ouvrage qui vient de paroître en France sous le titre des PRECURSEURS DE L'ANTECHRIST, et qui a mérité l'approbation de la plupart de nos Docteurs allemands ; la ressemblance frappante que nous avons observés entre cet écrit et celui que nous publions aujourd'hui, nous a fait espérer que le nôtre recevroit un accueil aussi favorable. Si le sujet qu'il traite en paroît différent, il s'en rapproche pour le fonds et n'est pas moins propre à fixer l'attention d'une manière spéciale. Nous croyons même que de la comparaison de ces deux opuscules, il pourra résulter un grand trait de lumière pour ceux qui étudient la vérité dans sa source, dans les paroles de la Divinité. Puisse notre espérance se réaliser! C'est tout l'avantage que nous avons ambitionné.

EXTRAITS

D'UN LIVRE ADMIRABLE

QUI SERA LE TRÉSOR DES FIDÈLES

DANS LES DERNIERS AGES.

CHAPITRE PREMIER.

INTRODUCTION.

Déja depuis long-temps, il existe dans le monde un livre aussi admirable qu'extraordinaire, qui devoit rester dans l'obscurité, jusqu'à ce que son véritable auteur donnât le signal pour le mettre au jour, il renferme tout ce que la religion nous offre de plus sublime, de plus instructif, de plus aimable et de plus étonnant, c'est le traité de théologie le plus parfait, et peut-être le plus complet, qui soit dans l'univers. Il souffrira de grandes contradictions, il exercera la plume des savans; mais il triomphera. Ce qu'il renferme, sera jugé conforme à la doctrine et à la morale de l'Église Catholique, Apostolique et Romaine.

Il mérite d'être appelé un livre céleste, et porte des caractères frappans de divinité.

Comme les manuscrits de cet ouvrage merveilleux, sont répandus dans diverses contrées, il est possible qu'il soit imprimé quelque part, avant que le terme assigné pour son entière manifestation soit expiré.

Quoiqu'il en soit, on s'empresse de le faire un peu connoître d'avance, afin de disposer les amis de la religion à le recevoir favorablement dès qu'il paroîtra. Il est intitulé: *Révélations de la sœur Nativité, religieuse converse du couvent des Urbanistes de Fougères.* Il fut, non composé mais rédigé dans les années 1791 et 1792, par un prêtre, qui selon les vues particulières de la providence, avoit été nommé directeur de cette maison, à l'époque où éclata la révolution, et qui réunissoit dans sa personne, la science, la piété et l'expérience du saint ministère.

Il va sans dire, qu'au seul titre de l'ouvrage, on verra les sages sublimes, qui ont si bien éclairé notre siècle, sourire d'un air moqueur. Qui ne sait que tel est leur usage, que c'est même un privilege qu'ils ont acquis, par droit de prescription. Mais quand le livre paroîtra, quand ils verront la place distinguée qu'ils y occupent, la maniere dont ils y sont dépeints, et surtout ce qui les attend, peut-être auront-ils moins envie de plaisanter, que de grincer les dents et d'exhaler leur fureur. *Peccator videbit et irascetur, dentibus suis fremet et tabescet.* Que le mot *révélations* excite la gaîté des philosophes, c'est tout naturel, on doit s'y attendre: mais malheureusement c'est aussi un peu la mode chez les braves gens de commencer par rire, dès qu'on leur parle de prophéties. Combien de personnes dans tous les états, même dans le sanctuaire, qui ont porté sur le bord des lèvres la coupe empoisonnée de la philosophie, et en ont avalé quelques gouttes, pas assez pour perdre la foi, mais beaucoup trop pour l'obscurcir et l'affoiblir! Elles ont pour maxime qu'il faut s'en tenir au stricte nécessaire, et ne croire que ce qui est proposé à notre croyance sous peine d'anathême.

Sans doute il est prudent de ne pas accorder légèrement sa croyance, à des manifestations, qui paroissent avoir un caractère de divinité, mais qui ne se soutiennent pas dans le creuset d'une critique judicieuse et sévère. A plus forte raison, ce seroit sotte crédulité de regarder comme des faveurs extraordinaires une foule d'illusions auxquelles sont quelquefois sujètes les ames les plus saintes et les incapables d'en imposer.

Mais de ce qu'il y a une multitude de fausses révélations, s'ensuit-il qu'il n'en existe pas de véritables! Les erreurs séduisantes, bien loin de nuire à la vérité, ne servent qu'à en rendre la connoissance plus précieuse et plus méritoire : plus les illusions sont multipliées, plus il est glorieux de rencontrer la réalité. Ce qui fait l'un des plus grands mérites de la foi catholique, c'est de savoir distinguer la véritable lumière au milieu de tant de fausses lueurs dont elle est environnée, plus la nuit est profonde, plus il est heureux d'avoir pour guide le flambeau qui ne s'éteint jamais. Les faux cultes que les hommes rendent à la divinité, les hérésies, les superstitions, et toutes les doctrines mensongères servent à mieux faire ressortir la gloire de la religion du vrai Dieu, à-peu-près comme le masque de l'hypocrisie est un hommage rendu à la piété. Si le vice, pour cacher sa laideur, est forcé de se couvrir des apparences de la vertu, il prouve par-là même que la vertu seule est aimable. C'est ainsi que les fausses révélations servent à réhausser l'éclat de celles qui sont véritablement divines.

Depuis l'époque de l'établissement du christianisme, il ne faut plus chercher dans le monde des David, des Isaïe, des Daniel, mais le don de prophétie a-t-il pour cela cessé d'exister sous la nouvelle alliance ? N'est-il pas nommément compris dans l'énumération que St. Paul fait des dons du St. Esprit. Aussi l'histoire nous apprend que dans tous les siècles, et surtout aux principales époques, on a vu des saints et des saintes, qui, éclairés d'une lumière divine, ont annoncé les grands évènemens qui intéressent la religion, comme aussi l'institution de quelques-unes de ses principales solemnités, et de ses pratiques de dévotion les plus salutaires.

Or, parmi toutes les ames privilégiées, qui ont marché dans la voie extraordinaire, sous la conduite immédiate de J. C., bien entendu, sans cesser d'être sous la juridiction extérieure des pasteurs légitimes, il n'en est aucune qui ait été plus favorisée que la sœur Nativité. Les instructions écrites sous sa dictée, soit sur le dogme; soit sur la morale, renferment tout ce que l'on peut dire de plus parfait, et sont pleines d'images, de comparaisons, de descriptions, et de toutes sortes de beautés ravissantes. On reconnoît à chaque page de son livre, le style du Grand Maître, qui lui dictoit intérieurement. On y trouvera quelques points théologiques qui paroissent un peu hardis, mais elle est bien éloignée de se donner pour infaillible. On ne trouvera en elle aucun signe de prétention, ni la plus légère trace d'orgueil. Elle ne cesse de répéter qu'elle aimeroit mieux mourir que d'avancer la moindre des choses, qui fût contraire à la doctrine de l'Eglise enseignante. L'humilité, l'obéissance, la soumission forment évidemment le fond de son caractère.

Le magnifique ensemble de son ouvrage est

déjà un indice suffisant de l'inspiration divine; mais les visions prophétiques dont il est orné, forceront les bons esprits à reconnoître qu'il mérite d'être appelé le complément des révélations de St. Jean l'Évangéliste.

Le but du présent ouvrage est de faire connoître les principales de ces visions prophétiques, qui se rapportent à notre temps; il sera difficile de ne point en admirer la beauté, la précision, la clarté, ainsi que la force des allégories et des comparaisons expressives, dont elles sont remplies.

Il n'importe pas d'employer du temps à en constater l'authenticité. C'est un point qui ne sera pas révoqué en doute. D'ailleurs elles portent leur preuve avec elles, et sont du nombre de ces conceptions qui entraînent les suffrages de l'esprit, et le forcent à rendre hommage à la vérité.

CHAPITRE II.

Les Emissaires de Satan envoyés par toute la terre, pour préparer les voies à l'Antechrist.

Après avoir exposé avec magnificence tout ce qu'elle avoit appris sur les principaux mystères de la foi, la sœur Nativité annonce les malheurs futurs, et commence par tracer le tableau général de la révolution.

« Mon père... Dieu me fait voir la malice de Lucifer, et l'intention diabolique et perverse de ses suppôts, contre la Sainte Eglise de J. C. à l'ordre de leur chef, ces méchans ont parcouru la terre comme des forcenés, à dessein de préparer les voies et les sentiers à l'Antechrist dont le règne approche. Par le souffle corrompu de cet esprit superbe, ils ont empoisonné les hommes; comme autant de pestiférés se sont communiqué leur mal les uns aux autres, et la contagion est devenue générale.

Quel bouleversement! quel scandale..!

Voilà, mon père, ce que j'ai vu se passer sous mes yeux. C'étoit Satan lui-même qui distribuoit à ses satellites, qu'il rendoit complices de ses criminelles dispositions, une certaine matière infecte, dont il les touchoit au front, ou sur quelqu'endroit de la peau, comme pour leur imprimer un caractère de dévouement à son œuvre. Ces satellites, ainsi touchés me paroissoient sur-le-champ couverts d'une lèpre dont ils alloient infecter toutes les personnes qui se laissoient toucher par eux. Cette figure, mon père, a rapport à l'intérieur et l'extérieur de l'Église, et quoiqu'elle ne doive avoir son parfait accomplissement que dans la révolution qui commence, cependant elle exprime bien les dispositions et les succès de ceux qui la préparoient depuis long-temps. Ce sont les efforts de l'enfer, pour détruire dans les ames le règne de J. C., et troubler les fidèles dans l'exercice de leur religion. Ces émissaires du démon, ces précurseurs de l'Antechrist, ainsi qu'on me l'a fait connoître, ce sont les écrivains impies, qui, par leurs systèmes licencieux et séduisans, ont depuis si long-temps jeté les fondemens de l'irréligion qui domine la matière infecte, qui communique partout la contagion, et qui n'est autre chose que cette impure composition de l'impiété, etc., etc.; libertinage qui gagne de toutes parts et qui cause tout le mal, sous le nom spécieux de philosophie, qu'elle ne méritera jamais. »

A ce début on frémit d'horreur, ne cherchons

plus à expliquer comment tant et de si grands forfaits enfantés par la révolution, aient pu trouver leur source dans le cœur de l'homme. De lui-même il n'est pas capable de tant de malice et de férocité. Un être plus puissant que lui et méchant par nature a présidé à l'ouvrage, c'est le démon qui a tracé tous les plans, et qui, dans les loges ténébreuses de la Franc-Maçonnerie et de l'illuminisme a formé des architectes capables de les exécuter. Lorsque le fils de Dieu voulut construire l'édifice mystique de son Eglise, il choisit les apôtres et leur dit: allez prêcher l'évangile chez toutes les nations, je vous revêts de mes pouvoirs et vous protégerez par ma puissance. Ainsi Satan, le singe de Dieu, après avoir instruit, formé des disciples, les avoir marqués de son signe et revêtus de ses pouvoirs, leur dit: allez dignes compagnons de mes travaux, dispersez-vous par toute la terrre; démolissez l'édifice érigé par mon ennemi, et sur les ruines de cette religion, qui ne devra plus vous effrayer, ni vous en imposer, construisez l'édifice de la philosophie. Prêchez l'athéisme, le matérialisme, et toutes les impiétés que je vous inspirerai, partez et souvenez-vous que votre mot d'ordre, le signe de votre mission consiste dans la parole qui étoit perdue et qui est maintenant retrouvée. *Point de Dieu et point de Roi.*

Telle est l'origine de ce monstrueux assemblage d'irréligion et de corruption, qui, dans notre siècle, se nomme philosophie.

« Mais, mon père, voici des paroles que j'entendis très-distinctement, et auxquelles je vous prie encore de ne rien changer ; elles sont de Dieu : les sentinelles se sont endormies; les ennemis ont forcé les barrières et sont entrés jusque dans le cœur de la ville. Ils se sont rendus jusque dans les citadelles, où ils ont placé leur siège. La puissance des ténèbres a étendu son empire; elle s'est fait une synagogue, elle s'est dressé des autels, où elle a placé des idoles pour s'y faire adorer. Satan vient d'entrer dans sa synagogue, etc., etc.,»

La sœur ne donne aucune explication de ces paroles : heureusement le sens n'en est pas équivoque, il saute aux yeux.

Les sentinelles se sont endormies. C'est ce que St. Jean écrivoit dans un esprit prophétique à la cinquième église d'Asie, qui correspond précisément à celle de notre temps.

» Souvenez-vous donc de quelle manière vous
» avez reçu et entendu l'instruction, gardez-la et
» faites pénitence, car si vous ne veillez, je vien-
» drai à vous comme un voleur, et vous ne
» saurez à quelle heure je viendrai. : » (Apoc. III, 3.)

Qui sont les sentinelles spécialement préposées à la garde de la religion: ce sont premièrement les pontifes et les prêtres chargés de l'enseigne: ; secondement les Rois et les magistrats chargés de la protéger. Toutes ces sentinelles s'étoient endormies dans une profonde sécurité, ou ne veilloient que foiblement à la garde du précieux trésor confié à leurs soins et à leur vigilance. Quelques factionnaires, il est vrai, s'apercevant du danger, auquel on était exposé, s'empressèrent d'en avertir les autorités; mais on les traita de visionnaires; vous rêvez, vous avez une imagination exhaltée, c'est vous qui dormez; laissez-là vos fantômes chimériques, les choses vont à merveille. Tandis que l'on méprisoit ainsi les avertissemens les plus salutaires, tout-à-coup les cris d'alarme font retentir tous les échos de la France: *les ennemis ont forcé les barrières, et sont entrés, jusque dans le cœur de la ville, ils se sont rendus jusque dans les citadelles, où ils ont placé leur siège.*

Les satellites de Satan, qui s'étoient d'abord déguisés pour s'introduire dans les cabinets des princes, et jusque dans le sanctuaire, se croyant enfin assez forts et assez nombreux pour faire un coup d'éclat, jètent tout-à-coup leurs masques, s'emparent de toutes les avenues, forcent toutes les portes, renversent tous les obstacles, foulent audacieusement aux pieds et l'autorité de l'Eglise et l'autorité des Rois. Ils pénètrent dans le cœur de la ville, établissent leur siège principal dans la Capitale du Royaume très-chrétien, au sein du plus fort boulevard de l'Eglise catholique.

La puissance des ténèbres a étendu son empire, elle s'est fait une synagogue; elle s'est dressé des autels, où elle a placé des idoles, pour s'y faire adorer. Satan vient d'entrer dans sa Synagogue, etc., etc.

Saint Jean l'évangéliste avoit prédit que le dragon infernal devoit être déchaîné dans ces derniers temps et recouvrer pour un peu de temps son antique puissance. L'établissement de son nouveau règne est annoncé par les paroles de la sœur; la synagogue, dont elle parle, c'est la convention nationale, composée de tous les grands dignitaires de la Cour de Satan, qui en étoit lui-même le président invisible, et lui dictoit tous les monstrueux décrets, toutes les sentences de mort, de sang et de carnage, dont le souvenir seul fait frémir d'horreur. Jamais, depuis que le monde existe, le prince des démons et des réprouvés, ne s'étoit formé une synagogue plus parfaite et mieux composée. La synagogue future de l'Antechrist la surpassera en puissance, mais certainement pas en impiété, ni en scélératesse. Que peut-il y avoir de plus impie que l'athéisme? Que peut-il y avoir de plus scélérat que le massacre des Rois et des Pontifes? A ces hauts faits on reconnoît le grand maître qui présidoit au conseil infernal du grand Orient. Il ne faut point de Dieu, point de Rois, point de Prêtres. Satan seul mérite de régner et d'être adoré. Aussi la convention s'empresse de lui ériger des autels et de lui rendre les honneurs suprêmes sous l'image des déesses infâmes et déshontées de la raison, de la liberté, de l'égalité. Voilà donc Satan encore une fois devenu le Dieu des aveugles mortels, et telle est *la synagogue dans laquelle il vient d'entrer.*

L'anarchie ne tarda pas à devenir si affreuse qu'on pouvoit appliquer à la France, qui naguère etoit le royaume le plus florissant de l'univers, ces paroles énergiques, dont on se sert pour faire la description de l'enfer : une terre de misère et de calamité, une région couverte des ombres de la mort, où ne règne aucun ordre, mais une confusion et une horreur perpétuelle. *ubi nullus ordo, sed sempiternus horror inhabitat.*

C'est ainsi que nos sublimes philosophes, animés et encouragés par celui qui les avoit envoyés, travailloient à la grande œuvre de la régénération du genre humain. Mais Satan, voyant que ses exploits n'étoient encore admirés que par les libertins les plus effrontés, par les voleurs, les assassins, les scélérats les plus insignes, resolut de monter son gouvernement sur un pied plus respectable et plus imposant. Honteux lui-même de n'avoir pour sectateurs que des républicains couverts de haillons et de mépris, des hommes féroces, qui n'ouvroient la bouche que pour vomir des horreurs et des absurdités, qui jour et nuit ne rêvoient que forfaits et brigandages ; prévoyant surtout que de pareilles gens étoient incapables de le faire régner long-temps, que leur zèle extravagant compromettroit infailliblement la grande œuvre de la génération si heureusement commencée; bref, Satan voulant imiter la prudence du serpent, jugea qu'il étoit temps de congédier la république, de convertir les haillons de la philosophie en habits dorés, et de lui mettre sur la tête un diadême, afin que montée sur un ton Impérial, elle ne parût pas tout-à-fait si laide et si haïssable.

CHAPITRE III.

LE RÈGNE DE L'IMPIE.

«Après cela, mon père, (ne changez encore rien à ce que je vais vous dire): j'ai vu une grande puissance s'élever contre la Ste. Eglise, elle a arraché, pillé, ravagé la vigne du Seigneur; elle l'a fait servir comme de marchepied aux passans, et l'a exposée aux insultes de toutes les nations. Après avoir injurié le célibat et opprimé l'état religieux, cette superbe audacieuse a usurpé les biens de l'Eglise, et s'est comme revêtue des pouvoirs de Notre Saint Père le Pape, dont elle a méprisé la personne et l'autorité.... »

Tandis que les gouvernemens éphémères se succédoient avec une étonnante rapidité et se dévoroient les uns les autres, tout-à-coup il sortit du sein de l'anarchie, un homme, qui d'abord paroissoit fort petit, et qui ensuite grandissant à vue d'œil, finit par devenir un énorme géant, et le plus terrible exterminateur qui ait jamais existé. Il n'eut pas la peine d'arracher, de piller, de ravager la vigne du Seigneur dans le pays des lys: c'étoit déjà fait. Il fit au contraire semblant de vouloir la rétablir, mais tout le monde ne fut pas la dupe de sa perfidie. A peine fut-il revêtu de la suprême puissance, qu'il s'empressa d'enchaîner et d'opprimer cette même religion, dont il s'étoit servi, comme d'un marchepied pour arriver au trône. Si les philosophes, autrement dits les satellites de Satan, demeurèrent spectateurs paisibles des premières opérations du grand homme; s'ils s'empressèrent même de le seconder, c'est qu'à force d'avoir tout renversé, tout embrouillé, ils ne savoient plus ou donner de la tête, et se perdoient eux-mêmes au milieu des ruines, dont ils avoient couvert la France. Satan leur maître, leur fit comprendre qu'il falloit temporiser, céder à la force des circonstances, ne plus tirer sur l'Eglise à boulets rouges, mais travailler à la faire écrouler par des mines souterraines. D'ailleurs la marche entortillée du grand Empereur, leur faisoit suffisamment comprendre, que dans cette feinte protection qu'il accordoit à l'Eglise, il n'avoit d'autre dessein que de l'asservir et de la subjuguer, pour mieux réussir ensuite à la rendre *la risée des nations.* Il n'y manqua pas, sa conduite prouva bientôt que Julien l'apostat n'étoit qu'un écolier à côté de lui, qu'est-il besoin d'insister? Son histoire est trop récente, pour qu'il soit nécessaire de la raconter? Au reste, la sœur nous la racontera elle-même en temps et lieu, tout aussi parfaitement, que l'historien le plus instruit et le plus fidèle.

Puisse cet homme fâmeux profiter des mémorables avertissemens que lui ont fourni les évènemens, et employer les tristes jours qui lui sont encore accordés, pour se réconcilier avec le Dieu des miséricordes ! Puisse-t-il comprendre que sa chûte épouvantable commença dès le jour qu'il osa manifester visiblement *son mépris pour la personne et l'autorité de Notre St. père le Pape*, et qu'elle fut consommée après les scènes scandaleuses et révoltantes arrivées à Fontainebleau !

Maintenant relégué sur une pointe de rocher, au milieu de l'immensité des mers, comme ce Prométhée de la fable, dont les entrailles renaissantes étoient tous les jours déchirées par un vautour cruel ; enseveli tout vivant dans un tombeau lointain, précipité du comble de la prospérité dans les filets d'une vengeance ingénieuse, puisse-t-il se repentir d'avoir remporté la palme sur les plus habiles persécuteurs de l'Eglise, et faire une pénitence plus sincère que l'impie Antiochus!

On a prétendu qu'il est l'ange de l'abyme, l'Apollyon et le Gog de l'Apocalypse. D'où vient que dans un siècle, où l'on est si curieux de nouvelles découvertes, on ne fasse pas plus attention à un point de cette importance ? S'imagine-t-on avoir réfuté cette interprétation, en disant que l'Apocalypse est inexplicable ? Pourquoi ne veut-on pas comprendre que le temps seul est le véritable interprête des prophéties du vrai Dieu, qu'elles ne sont pas faites pour ceux qui meurent avant les évènemens prédits, mais pour confirmer dans la foi et consoler les fidèles, qui sont témoins de leur accomplissement! De ce que le génie du grand Bossuet a échoué dans l'explication des prophéties qui n'étoient pas encore accomplies, s'ensuit-il que Dieu a parlé inutilement et d'une manière tellement inintelligible, que jamais personne ne comprendra le sens de ses paroles? Ne sait-on pas que les sublimes prophéties des David, des Isaïe, des Daniel, ne furent comprises qu'à l'époque de leur accomplissement? Pourquoi ne veut-on pas qu'il en soit de même pour celles de l'Apocalypse?

Quant aux philosophes, ils ont une manière de réfuter qui n'appartient qu'à eux. Tout leur secret consiste à se moquer de ce qui pourroit les embarrasser.

Mais ils devroient s'être aperçus depuis long-temps que plus ils crient au fanatisme et à la superstition, plus ils trahissent le dépit, le chagrin intérieur qui les dévore, et qu'ils voudroient en vain se dissimuler à eux-mêmes et cacher aux autres.

« J'ai vu chanceler les colonnes de l'Eglise; j'en ai même vu tomber un grand nombre, dont on avoit lieu d'attendre plus de stabilité.... » Hélas! tout le monde comprendra ce passage. Qu'ils sont amers les souvenirs qu'il rappelle ! Faut-il que les idoles de chair, lorsqu'elles sont couronnées, trouvent des encenseurs jusque parmi les plus grands dignitaires de l'Eglise! Si le grand empereur des philosophes a bien mérité de la religion, il faut avouer que les personnages, qui l'ont si prodigieusement proné, ont bien mérité de la philosophie.

« Oui, mon père, parmi ceux qui devoient la soutenir, il s'est trouvé des lâches, des indignes, des faux pasteurs, des loups revêtus de la peau de l'agneau, qui ne sont entrés dans le bercail, que pour séduire les ames simples, égorger le troupeau de J. C., et livrer l'héritage du Seigneur à la déprédation des ravisseurs, les temples et les saints autels à la profanation.... » Tout cela s'est accompli à la lettre, et ne demandent aucune interprétation. Puissent ceux qui ont fait tout ce qu'on a voulu, qui ont adopté les nouveautés introduites par la cabale impie, favorisé les entreprises des ennemis de l'Eglise, puissent-ils se reconnoître à cette peinture, gémir de leur erreur volontaire, et réparer par une conduite pleine de zèle et de sagesse, le scandale qu'ils ont donné aux fidèles! C'est Dieu lui-même qui leur fait cette leçon; ils doivent donc la recevoir avec humilité, sans se plaindre et sans murmurer.

. . . .

« Voici sur cela ce que dit le Seigneur dans sa colère et dans la juste indignation qu'il a conçue : malheur aux traîtres et aux apostats ! Malheur aux usurpateurs des biens de mon Eglise, comme à tous ceux qui méprisent son autorité !.... Ils encourront mon indignation, je foudroierai cette superbe audacieuse ; elle disparoîtra devant moi comme la fumée qui s'évapore dans les airs, en punition de ses crimes. Je lui redemanderai un héritage essentiellement destiné à l'entretien de mes temples et de mes ministres, comme au soulagement de mes pauvres. J'endurcirai son cœur, j'aveuglerai son esprit. Elle commettra péché sur péché ; en faisant le mal elle croira faire le bien, et la chûte de ceux qu'elle énivre sera d'autant plus profonde, et d'autant plus funeste qu'ils se seront élevés plus haut par leur orgueil. » Nous avons déjà vu de grands maux fondre sur la cabale impie ; mais ce n'est qu'un prélude. On verra dans la suite de quelle manière s'accompliront ces terribles paroles : *je foudroierai cette superbe audacieuse ; elle disparoîtra devant moi comme la fumée qui s'évapore dans les airs, en punition de ses crimes.*

Il est trop visible qu'elle n'est pas encore foudroyée, si Dieu la laisse monter, *c'est afin que sa chûte devienne plus profonde et plus éclatante*, qu'elle n'espère pas échapper aux traits enflammés de la vengeance céleste. Bientôt elle saura que le ciel la repousse et que la terre refuse de la porter plus long-temps.. Son état présent ressemble à celui d'Absalon suspendu à un arbre, avant qu'il fut percé par les flèches d'Abner. Il y a dans le texte un mot que beaucoup de gens trouveront d'une hardiesse extrême, *je lui demanderai un héritage....* Quils se rassurent, cela ne veut pas dire clairement qu'ils seront forcés à restituer dans ce monde : cela signifie simplement que Dieu leur fera rendre compte à son tribunal. Alors ils auront leur réponse toute prête : Seigneur, il étoit dans l'ordre de votre providence que les ministres des autels fussent dépouillés de ces biens immenses, qui se corrompoient entre leurs mains, et ne servoient qu'à les corrompre eux-mêmes.... A la bonne heure: mais ces biens sont-ils mieux placés entre vos mains qu'entre les leurs? En faites-vous un meilleur usage? N'est-il pas juste que l'argument soit rétorqué contre vous?....

« Voici, mon père, la première raison de cette sévérité du Seigneur, elle est digne d'attention.

Suivant ce qu'il m'a fait voir, cette superbe, la plus insupportable à ses yeux, n'est point d'une nature ordinaire, telle, par exemple, que celle d'un homme qui se glorifie de ses talens et de ses richesses, ceci n'est qu'une petite gloriole qui n'a presque aucun rapport avec l'orgueil, qui s'en prend à Dieu même pour lui disputer ses droits et lui refuser l'obéissance; car cette espèce de superbe est de même nature que celle qui, dans le ciel, souleva Lucifer contre le Très-Haut... C'est aussi cette même superbe, Dieu me le fait voir, qui doit caractériser la révolte de l'Antechrist, qui anime déjà et qui a toujours animé ses précurseurs; je veux dire les impies d'aujourd'hui et de tous les âges, qui osent et qui ont osé blasphêmer le St. nom de Dieu, et lever l'étendard contre l'Eglise de J. C. son Fils, en attaquant les vérités de la foi dont elle est dépositaire. Cette superbe est de nature à flatter et corrompre les sens, à enchanter l'imagination, à éblouir la raison et l'entendement. Son effet le plus ordinaire en est la plus juste et la plus terrible punition, puisqu'elle finit toujours par aveugler l'esprit et endurcir le cœur pour les vérités révélées et dont la croyance est nécessaire au salut.

Toujours portée à la nouveauté et disposée à l'erreur, elle se fait suivant ses prétentions ambitieuses, des systêmes de libertinage et d'impiété; l'évidence a beau frapper ses yeux; la vérité a beau tenter son cœur, elle s'opiniâtre dans ses idées chimériques et illusoires, ferme les yeux à la lumière de l'évidence, endurcit son cœur contre les remords, et s'obstine à combattre la vérité comme la plus affreuse injure envers l'esprit de Dieu; elle tombe enfin dans un tel aveuglement, qu'elle prend jusqu'à ses forfaits pour des actions méritoires, et en faisant le mal elle croit faire réellement le bien. De sorte qu'il n'est pas rare de voir un homme qui en est venu là, se glorifier de ses turpitudes, prendre le crime même pour une bonne œuvre, et s'imaginer rendre service à Dieu et lui plaire par une action qu'il défend, qui l'offense et qui le déshonore.... Oui, ces monstres croiront être religieux en profanant les temples et en détruisant la religion. De même ils se glorifieront du nom de *patriotes* en renversant toutes les lois civiles qui font la sûreté de la patrie, tous les principes du patriotisme et de l'humanité; le massacre même des citoyens et des ministres de la religion sera pour ces aveugles volontaires, un acte religieux; *et le renversement de toutes les lois, le plus sacré de tous les devoirs....*

Dieu me fait donc voir, mon père, que cette superbe est si odieuse à ses yeux, qu'il la poursuit avec une espèce d'acharnement qui ne se peut exprimer, et qu'il est comme impossible qu'on puisse espérer qu'il s'en relâche, pour opérer la conversion de ces malheureux. Oui, mon père, Dieu pardonneroit plutôt tout autre crime, parce que tout autre crime ne lui est pas si opposé; tout autre crime ne porte pas en lui-même ce dégré de malice qui s'en prend à lui, qui en veut à ses attributs divins: cette révolte insupportable, cette guerre ouverte et déclarée qu'il déteste souverainement, et dont il est l'éternel et irréconciliable ennemi.... Ne soyons donc pas surpris, si, marchant tranquillement dans une voie maudite et réprouvée, ces aveugles volontaires arrivent à une fin tragique, et tombent au fond d'un abyme affreux avec Lucifer leur maître, au moment où ils pensoient, comme lui, s'élever jusques au haut du ciel.

Tel sera leur sort; et ce qu'il y a en cela de bien terrible, je vois en Dieu, que la sentence en est comme portée, et que, sans un miracle de la grace, qu'aucun ne peut se promettre, elle aura infailliblement son exécution.... »

Voilà un portrait de la philosophie tracé de main de maître. On reconnoît le style du souverain scrutateur des cœurs. Tout est lumière, force et vérité. O grands philosophes! expliquez donc comment une pauvre sœur converse, qui ne savoit pas écrire, a pu vous dépeindre d'une manière si naturelle, et prédire avec tant de force et de justesse toute la suite et l'enchaînement de vos détestables complots, dont vous n'avez pas su vous-mêmes calculer les résultats. Ne convenez-vous pas qu'elle vous connoissoit bien? Que non seulement elle a caractérisé la marche et les évènemens de la révolution, mais encore qu'elle a pénétre dans les plis et les replis les plus cachés de votre conscience, et a montré votre ame dans toute sa nudité? Il est fâcheux pour vous, que les armes de la plaisanterie, dont vous vous servez dans les cas difficiles, ne puissent ici vous être utiles. Vous ferez semblant de rire, mais vous aurez mauvaise grace et cela ne prendra pas.

CHAPITRE IV.

La Passion de J. C. renouvellée dans celle du Christianisme.

Voici ce que raconte la sœur Nativité:

« Mon père, une nuit.... J'entendis, à mon réveil, une voix lamentable qui me parut venir du côté de l'Eglise: elle sortoit du saint tabernacle, où l'on conserve le Très-saint Sacrement de l'autel. Je compris facilement que c'étoit J. C. qui prioit son Père Eternel; je prêtai donc, avec encore plus d'attention, l'oreille à cette voix touchante, qui étoit bien la voix d'un homme, mais dont les accens douloureux et plaintifs avoient, je crois, une énergie, une force d'expression que la voix humaine n'eut jamais, et ne peut avoir quand elle n'est point animée par la divinité.... J'entendois donc, mon père, les lamentations du fils de Dieu et les plaintes qu'il faisoit des pécheurs, au sort desquels il prenoit le plus vif intérêt. Les crimes dont il paroissoit le plus touché, et qu'il pleuroit avec plus d'amertume, étoient les infidélités, les prévarications et les scandales des mauvais prêtres et de tous les écclésiastiques qui, par leurs déréglemens et leur vie scandaleuse, profanent les sacremens, déshonorent son sacerdoce et font blasphêmer sont saint nom.... Combien de Ministres de mes autels, disoit-il, nuisent plus qu'ils ne servent au salut des ames que j'ai rachetées...! Ils ont fait des larcins des biens de mon Eglise, par leurs festins, leurs jeux et leurs dépenses inutiles, aux dépens des pauvres dont ils ont volé la subsistance; et ils ont dit dans leur cœur: ces biens sont à nous, sans aucune charge ni obligations. Quelle usurpation! Quel sacrilège!

J. C. pleuroit donc l'offense de Dieu sur la désolation de l'Eglise, sur l'extinction de la foi et de la charité, sur la perte des ames et le malheur des réprouvés, dont l'enfer se remplit malgré tout ce qu'il a fait pour les en préserver, il pleuroit sur tous les maux du genre humain, et particulièrement sur ceux dont les chrétiens sont menacés en punition de tant d'infidélités et de crimes commis.... Sa voix ressembloit à celle d'un ami qui parle en confidence à son ami et se plaint des chagrins qu'on lui fait... Ma fille, me disoit-il, dans l'amertume de son cœur, mais d'un ton paternel et avec une effusion de cœur qui me pénétroit de douleur et d'amour tout à la fois: Ma fille, le croirez-vous? Il s'est trouvé dans mon Eglise des Judas qui m'ont trahi et vendu: j'ai été abandonné, j'ai été renié de nouveau: on a délivré Barrabas, et on m'a condamné à la mort.

J'ai été cruellement flagellé et couronné d'épines. On m'a couvert de honte et d'opprobres, on m'a conduit au supplice pour être crucifié une seconde fois... Quels châtimens méritent tant et de si sanglans outrages ? Cependant j'ai entendu les prières de mon Eglise, ses gémissemens, ses soupirs m'ont fait violence, et j'ai résolu d'abréger le temps de son exil,... »

Ces touchantes lamentations du fils de Dieu, nous rappellent la prière qu'il fit autrefois dans le jardin des oliviers, et pendant laquelle son ame étoit accablée d'une tristesse mortelle et abîmée dans un Océan de douleurs. Devenu impassible, immortel par sa résurrection, l'Homme-Dieu ne peut plus être crucifié dans sa personne ; les coups de l'impie ne peuvent plus atteindre son corps adorable ; la tristesse et la douleur ne peuvent plus serrer de la même manière son cœur aimant ; d'où vient donc qu'il se plaint d'avoir été trahi, couvert de honte et d'opprobres, flagellé, couronné d'épines, crucifié de nouveau ? C'est que sa cruelle passion devoit bientôt se renouveller dans celle de sa religion, c'étoit pour annoncer d'une manière énergique, que le christianisme ne tarderoit pas à être traité comme il avoit été traité lui-même. Aussi rien n'est plus frappant que le parallèle suivant.

Trahi par le perfide Judas, livré par ce disciple ingrat à la fureur des Juifs, le Sauveur est conduit devant le tribunal de Caïphe. Là, en présence de la synagogue rassemblée il reçoit des insultes si révoltantes, des traitemens si humilians, des affronts si sanglans, qu'il est impossible d'y penser, sans que le cœur se soulève d'indignation, et sans que la foi en soit en quelque sorte ébranlée. Et par qui le fils de Dieu est-il si indignement traité? Par les princes des prêtres, par les docteurs de la loi; par ceux-là mêmes qui étoient dépositaires des oracles divins, et qui devoient être les premiers à le reconnoître et à lui rendre les adorations dues à la divinité. Voilà ceux qui s'écrièrent comme des furieux: *reus est mortis.* Il est digne des derniers supplices, il mérite la mort. C'est donc par les prêtres de l'ancienne alliance que J. C. fut condamné à mourir dans les tourmens. C'est aussi de la part des mauvais prêtres de la nouvelle loi, que la religion de J. C. a reçu le coup le plus perfide et le plus funeste. Ce sont les Judas du sanctuaire, qui au commencement de la révolution, ont livré cette religion sainte aux insultes et au mépris des impies. Ce sont les indignes ministres des autels, les profanateurs des saints mystères et du sang de J. C., les sacrilèges dispensateurs des sacremens, qui ont prononcé la sentence de mort. Au lieu de la faire aimer et respecter par leur exemple, par la pratique des vertus sacerdotales, ils ont été les premiers à la déshonorer, à la discréditer, à la couvrir d'opprobres, à la précipiter dans l'avilissement, par leurs scandales, par leurs dérèglemens aussi contagieux que funestes. Voilà les juges iniques qui ont condamné le christianisme à périr et lui ont porté le coup fatal. Voilà les indignes qui les premiers ont crié : qu'il soit crucifié : *crucifigatur*.

Subjugués par la puissance romaine, dépouillés du droit de vie et de mort, les Juifs, après avoir condamné Jésus, l'envoyent à Pilate pour confirmer la sentence et la faire exécuter. Le gouverneur romain convaincu de l'innocence de Jésus, après avoir fait plusieurs tentatives inutiles pour le sauver, imagine le plus cruel expédient pour amollir la dureté des Juifs, et calmer leur fureur. Il ordonne que Jésus soit dépouillé de ses vêtemens, et flagellé jusqu'au sang : ensuite le montrant au peuple dans un état capable d'attendrir les ames les plus féroces, il dit : *Ecce homo*. Voilà l'homme.

La religion déshonorée, avilie, dégradée, accusée, condamnée par les mauvais prêtres est citée devant le tribunal des philosophes, réunis en conseil dans l'assemblée nationale. Ceux-ci, sous prétexte de la ramener à sa simplicité et à sa pureté primitive, ordonnent qu'elle soit dépouillée de tous ses biens et privilèges temporels. Puis après l'avoir horriblement défigurée, après l'avoir en quelque sorte flagellée jusqu'au sang par la prétendue constitution civile du clergé, ils la montrent au peuple, en disant : *ecce*, la voilà. C'est ainsi que nous l'avons arrangée; recevez-là de notre main. *Ecce*, la voilà corrigée de ses abus, et s'il lui en reste d'autres, nous y mettrons bon ordre. Elle nous est livrée; il faudra bien qu'elle renonce à ses superstitieux préjugés et qu'elle se plie à nos principes et à nos idées généreuses et libérales.

Pilate intimidé par les vociférations et les cris de rage des juifs, consent enfin à leur livrer Jésus, pour être crucifié. Alors le Sauveur, couronné d'épines, chargé de l'énorme fardeau de sa croix, monte sur le Calvaire pour aller consommer son sacrifice. Attaché à un infâme gibet, suspendu entre le ciel et la terre; insulté par les sarcasmes et les blasphêmes de ses bourreaux, abreuvé de fiel et de vinaigre, il expire entre deux scélérats, dans les tourmens et l'ignominie. Ce n'est pas assez pour les philosophes, d'avoir dépouillé la réligion, de l'avoir horriblement défigurée, bafouée, traînée dans la boue; ce n'est que le prélude de leur vengeance. Il faut qu'elle périsse, qu'elle expire sous leurs coups. Les voilà donc qui se mettent à épuiser contre elle toutes les ressources de leur ingénieuse cruauté. Après l'avoir condamnée à la mort, ils se chargent eux-mêmes de l'exécution de la sentence, et remplissent à la fois et la fonction de juges et celle de bourreaux. Ils s'emparent de leur victime, la traînent sur le Calvaire et la crucifient dans la personne de ses pontifes et de ses prêtres fidèles, dans celle de ses défenseurs les plus zélés, et de ses enfans les plus vertueux. Les échafauds sont dressés dans toute l'étendue de la France, les haches sont levées et retombent avec violence sur les innocentes victimes, le sang coule à grands flots. Au milieu de ces scènes d'horreur et de carnage, les philosophes sont énivrés d'une joie féroce et se mettent à crier dans les élans d'une rage délirante: victoire, victoire.... Nous sommes enfin parvenus à écraser.... N'achevez pas, vils blasphémateurs.... C'est vous qui êtes les *infâmes* et c'est vous qui serez *écrasés*. Vous avez crucifié la religion, mais elle n'a point expiré sur la croix, comme son divin auteur: elle vous a pris au mot, elle est descendue vivante de la croix, où vous l'aviez attachée, elle vous a confondus et vous confondra jusqu'à la fin des siècles. Les glorieuses cicatrices des plaies que vous lui avez faites, resteront, mais elles ne serviront qu'à la rendre plus belle et prouveront à jamais l'impuissance de votre rage et de votre fureur. Tel est le véritable sens de la prière de J. C., à laquelle sa sainte épouse, la sœur Nativité, eut le bonheur d'assister.

CHAPITRE V.

Insulte que les philosophes ont faite à J. C. par la destruction des ordres religieux.

RIEN autrefois n'étoit plus magnifique ni plus imposant que cette multitude innombrable de maisons religieuses, qui décoroient les villes, les campagnes et même les plus profondes solitudes. C'étoit dans l'ordre temporel de superbes monumens, qui attestoient le règne de J. C., qui formoient la plus belle portion de son héritage, qui contribuoient singulièrement à la gloire, à l'ornement, au triomphe de son église; et dans l'ordre spirituel, c'étoient autant de pépinières, qui pendant une longue suite de siècles, fournirent à l'église triomphante une multitude de prédestinés de la plus haute perfection; à l'église militante une infinité d'ouvriers apostoliques et de défenseurs aussi admirables par leurs talens que par leurs vertus; à l'église souffrante les secours les plus assidus et les plus multipliés; à la société les avantages les plus précieux; à la république des lettres, les livres les plus savans et les plus essentiels; à l'éducation de la jeunesse les ressources les plus inappréciables; aux universités les professeurs les plus habiles et les plus expérimentés.... etc., etc....

A l'aspect de tant et de si superbes institutions, le dragon infernal écumoit de rage, et attendoit avec impatience l'expiration de la période millénaire, pour qu'il lui fût permis de sortir de sa prison et d'exécuter ses desseins de fureur et de vengeance. Il commença par envoyer devant lui des émissaires chargés de lui préparer les voies. Les philosophes jaloux de se rendre dignes de la confiance de leur maître, lui donnèrent des preuves éclatantes de leur zèle et de leur parfait dévouement. Le diable leur fit comprendre qu'il étoit urgent de préluder par la destruction de l'ordre des Jésuites. Ce sont là les grenadiers, les gardes du corps de mon ennemi, la troupe d'élite, qu'il n'est pas aisé d'enfoncer. Si ces gens là sont encore sur pied, lorsque j'arriverai pour me mettre à votre tête, ils ralentiront singulièrement notre marche, et par leur valeur personnelle, et par le courage qu'ils inspireront à tous nos adversaires. Faites donc attention qu'ils soient à bas à mon arrivée. Ne négligez rien : remuez le ciel et la terre : gardez-vous d'être délicats sur le choix des expédiens que vous mettrez en usage : rappelez-vous de notre axiome favori ; quand il s'agit d'attaquer des hommes irréprochables et parfaitement innocens, il n'est rien de mieux que la calomnie. Courage donc, mes amis, je compte sur vous.

Les ordres de Satan furent fidellement exécutés. La cabale infernale eut de la peine sans doute; mais enfin, à force d'intrigues, de mensonges, d'atroces calomnies, de pamphlets injurieux, de lettres provinciales, d'inculpations infâmes, d'anecdotes scandaleuses, de railleries, de persiflages, de persécutions, d'atrocités, elle en vint à bout.

Le meilleur coup de main fut donné par le marquis de Pombal; sans lui Satan couroit grand risque d'être confondu. Les Jésuites furent donc supprimés. *Initium dolorum.*

Le plus fort boulevard des saintes institutions une fois renversé, ce fut un jeu de faire sauter les autres ordres religieux. Tous tombèrent sans presque opposer de résistance, et la prophétie de Satan consignée dans la correspondance de ses amis fut littéralement vérifiée. Il est fâcheux de se rappeler que les impies ne firent pas tout le mal dans la destruction des Jésuites, et qu'ils furent singulièrement secondés par la jalousie de quelques rivaux, disséminés dans divers corps respectables.

Or, voici ce que dit J. C., par l'organe de la sœur Nativité, au sujet de la destruction des monastères de l'un et l'autre sexe: cela mérite une attention particulière:

« La surabondance de graces, et l'amour infini que mon père me communiqua au moment de mon incarnation, inondèrent mon cœur et subjuguèrent ma volonté, sans la forcer. Je consacrai, dès ce moment, toutes mes facultés à l'accomplissement de sa volonté suprême, dans tout ce qui pouvoit intéresser sa gloire et son amour; et je lui fis un dévouement parfait et entier de tout moi-même. Dès lors ma volonté étant nécessairement conforme à celle de mon père, cette même grace me porta, par un libre choix, à souffrir toutes sortes de travaux, d'humiliations et de tourmens, et même à mourir sur la croix, oui, je l'ai voulu librement et par l'inclination de mon amour. C'est pour cela que le sacrifice de ma vie a été constamment l'objet de mes desirs les plus empressés. Or, sachez que les vœux solemnels de religion, par lesquels une créature se consacre toute à Dieu, sont d'une émulation de mon sacrifice, et doivent être libres comme lui. C'est un écoulement de cette grace première, qui ne prendra sa source que dans les mérites de mon sang: grace singulière de prédestination que je n'accorde qu'à ceux à qui il me plaît de l'accorder, sans faire aucune espèce de violence à leur franc-arbitre, cette grace s'en rend maîtresse,- elle s'empare doucement de leur cœur et de leur volonté; elle les sépare du monde pour me les unir inviolablement par les nœuds les plus étroits du divin amour; je veux dire les vœux de cloture, d'obéissance perpétuelle et de renoncement éternel à leur volonté propre, de pauvreté, de chasteté sans restriction et sans tache, qui me consacrent leurs cœurs, leurs corps et leurs ames, et les tiennent d'autant plus continuellement attachés à ma croix par un martyre plus méritoire, qu'il est plus long et plus volontaire de leur part....

Sur cela, mon père, J. C. parut s'animer d'une sainte colère, et prenant un ton vif et plein d'intérêt: j'ai entendu, ajouta-t-il, les pleurs et les gémissemens de ces précieuses victimes de mon amour; elles m'ont touché jusqu'au fond du cœur... Les malheureux leur ont fait violence jusque sur leur franc-arbitre dont je suis si jaloux, et que je laisse moi-même à tous les hommes, pour en user à leur choix et suivant leur libre détermination. Je m'en vengerai, dit-il, au jour de mon jugement. Nous saurons de quel droit ils viennent aujourd'hui m'enlever l'hommage libre de mes créatures. Ils m'en répondront de ces épouses chéries dont ils ont forcé la volonté; ils sentiront aux coups de ma juste rigueur que je suis le maître absolu à qui tout doit céder, et qu'on ne me brave point impunément; ils seront atteints de mon évidence et percés des traits de ma vérité. »

On demande à ceux des philosophes qui n'ont pas abjuré tout principe, à qui il reste encore du bon sens, si, après la lecture de ce beau passage, ils seront tentés de rire et de plaisanter. En supposant que leur délire, put aller jusque là, il n'est rien de mieux que de les comparer à ces soldats revenant de l'expédition de Moscow, qui ayant l'esprit aliéné par l'excès de leurs maux et par la rigueur du froid, se jetoient avec un sourire imbécile, au milieu des flammes et des brasiers ardens, dès qu'il arrivoient près des grands feux allumés çà et là. Cette comparaison fait image; on diroit voir nos rians philosophes se jeter comme des insensés dans les brasiers éternels. Alors ils comprendront enfin le sens de ces terribles paroles. *Ils seront atteints de mon évidence et percés des traits de ma vérité.* Puissent-ils ne pas attendre si tard, et ouvrir les yeux tandis qu'ils sont encore sous le règne de la miséricorde !

CHAPITRE VI.

Le Sauvageon. Songe prophétique.

La sœur Nativité, dont Dieu se servoit comme d'un porte-voix, pour annoncer les évènemens futurs, eut une multitude de songes mystérieux et prophétiques, dans lesquels il est impossible de méconnoître l'intervention de la souveraine vérité.

En voici un, qui peut-être ne sera pas du goût de nos philosophes, mais qui ne laissera pas de les étonner, de les intriguer, et d'un peu les déconcerter. Ils n'auront, pour le réfuter, d'autre ressource que de supposer, que c'est une pièce composée après coup. Ils diront ce qu'ils voudront; en attendant la sœur va raconter ce qu'elle a vu et entendu.

« Je voyois sur une montagne un bel arbre grand et fort ; il étoit arrondi symétriquement par le contour de ses branches et l'agréable disposition de ses rameaux verdoyans ; ses fleurs et ses fruits présentoient tout à la fois l'odeur la plus suave, et le coup d'œil le plus charmant. A quelques pas de ce bel arbre, j'en voyois un autre beaucoup moins fort, mais qui paroissoit de la même espèce par les fruits dont il étoit couvert; il n'étoit pas si bien arrondi, ni si bien disposé que le premier, et je remarquai que son sommet se terminoit en deux pointes ou cimes.

Pendant que j'admirois ces deux beaux arbres, je vois tout à coup un troisième arbre s'élever droit au milieu de l'espace qui les séparoit, de manière qu'il étoit également distant de l'un et de l'autre. Celui-ci n'avoit ni fleurs ni fruits, mais une certaine apparence qui consistoit dans ses belles feuilles qui avoient quelque ressemblance avec celle des deux premiers arbres. Il éleva fièrement sa tête superbe, beaucoup au-dessus d'eux, ensuite il commença à les battre alternativement, par un mouvement à droite et à gauche, tant que j'en étois épouvantée. Je remarquai pourtant qu'il ne faisoit que froisser fortement, et comme éclabousser les rameaux du premier arbre, qui résista toujours sans rien perdre ni de ses fleurs ni de ses fruits; mais il brisa toutes les branches de l'autre arbre, de manière qu'il ne lui resta que le tronc et les racines, et qu'on avoit peine à distinguer ses deux sommets.

Après cette terrible opération, j'entendis une voix qui cria : coupez le sauvageon par la racine, qu'il soit détruit et qu'on ait soin de conserver les deux premiers arbres.

A peine ces mots furent-ils prononcés, que j'entendis frapper l'arbre maudit, et je le vis tomber et rouler avec fracas jusqu'au bas de la montagne. Voici, me dit-on ensuite, ce que signifie ce que vous venez de voir.

Le premier arbre marque l'église de J. C., et le second, c'est-à-dire, l'arbre à la double cime, l'état religieux des deux sexes, qui s'est formé dans son sein ; ils sont de la même espèce, et voilà pourquoi ils portent les mêmes fruits.

Cet arbre infructueux et superbe qui s'est accru entre les deux, et qui les a surpassés par sa hauteur, c'est l'orgueil de la moderne philosophie, qui va bientôt faire les derniers efforts pour détruire en France et anéantir l'église et l'état religieux.

Vous eussiez dit que le Sauvageon étoit produit de la racine du premier arbre, ainsi la moderne philosophie prendra l'apparence du respect pour la religion et pour l'église ; elle voudra même persuader qu'elle n'est que pour la protéger et la ramener à sa perfection primitive : les effets montreront ce qu'on en devoit croire, en dévoîlant toute la haine qu'elle leur porte, ainsi qu'aux vertus évangéliques qui font le chrétien, elle commencera par opposer des vertus purement humaines et morales dont elle fera grande ostentation, malgré leur insuffisance pour le salut. Il y a déjà long-temps qu'elle en montre le faux brillant pour faire prendre le change, en même temps qu'elle voudroit substituer la raison à la foi. Voilà pourquoi le Sauvageon avoit de belles feuilles et n'avoit que cela. Le ravage de cette philosophie monstrueuse doit avoir son temps, la religion et l'église survivront à cette tempête. La racine et le tronc du second arbre qui restent encore marquent que tout n'est pas désespéré pour l'état religieux, qui trouvera un jour de la ressource contre ses oppresseurs, renaîtra de ses cendres et reparoîtra après son naufrage.... »

Voilà une allégorie noble, expressive, admirable, on y reconnoît la dictée de l'esprit qui a inspiré le disciple bien aimé dans le livre sublime de ses révélations. Tout le monde est capable de juger de l'ensemble, puisque J. C. a daigné l'expliquer lui-même. Mais il est des beautés particulières, qu'il importe de faire remarquer.

« Le Sauvageon ne faisoit que froisser fortement, et comme éclabousser les rameaux du premier arbre qui résista toujours sans rien perdre ni de ses fleurs ni de ses fruits. »

Que n'ont- pas fait les impies de notre temps pour anéantir l'église de J. C., représentée par cet arbre majestueux; revêtu d'un superbe feuillage, orné de fleurs et couvert de fruits ?

D'abord marchant servilement sur les traces des antiques persécuteurs, ils épuisèrent contre les pasteurs et contre le troupeau fidèle, toutes les inventions d'une barbare et ingénieuse cruauté. Ensuite las de se vautrer dans le sang des Pontifes, des prêtres et des hommes vertueux, désespérant de vaincre par des moyens si atroces, ils dirent: soyons plus habiles que les Néron, les Dèce, les Galère, les Dioclétien; ce n'est point avec des haches, des sabres, des instrumens de mort qu'il faut attaquer le christianisme. Notre génie nous fournira des armes plus victorieuses. Au lieu de traîner les prêtres au supplice, il faut nous contenter de les emmuseler, de vexer à outrance ceux qui s'aviseront de parler d'une manière indiscrète, de donner des éloges, et même des décorations d'honneur à ceux qui se montreront dociles, il faut surtout nous appliquer à les mettre en harmonie avec nos principes et en contradiction avec les leurs; entraver leur ministère par une multitude de lois astucieuses; leur tendre toutes sortes de pièges et leur inoculer, sans qu'il s'en doutent, nos propres maximes: il faut en un mot, réduire les prêtres à l'esclavage, leur glisser adroitement la chaîne au col, cela fait, nous les mènerons où nous voudrons. Couverts de mépris et de ridicule aux yeux de la multitude, ils prêcheront et ne seront plus écoutés. Ils finiront par être sifflés et le christianisme tombant de lui-même mourra de sa belle mort. C'est ainsi que les satellites de Satan ont battu l'arbre pendant vingt-cinq ans, par tous les moyens imaginables de terreur, de séduction et de perfidie.

Mais, qui n'admirera la grandeur du prodige? L'arbre attaqué par des coups si terribles et si prolongés, a constamment résisté, pas une seule de ses branches n'est tombée: il a conservé ses fleurs et ses fruits.. Son feuillage seul a été froissé. Pas un article du symbole n'a été altéré, pas une lettre n'a été effacée des livres saints; pas une décision des conciles n'a été changée; pas même une bulle dogmatique des souverains pontifes n'a été rejetée. Toutes les vérités enseignées par l'église sont demeurées pures et intactes. Venez donc, grands philosophes, accourez, soyez vous-mêmes témoins de cette merveille. Faites le tour de Jérusalem, considérez attentivement cette forteresse mystique, que vous avez entrepris de renverser, contre laquelle vous avez dirigé tous vos instrumens de guerre, que vous aviez juré de réduire en cendres. Regardez bien: à quoi ont abouti tous vos prodigieux efforts? Avouez que vous vous êtes donné bien de la peine inutilement. Vous êtes parvenus à dégrader la surface extérieure de ses murs et de ses remparts, mais vous n'avez pas renversé une seule de ses tours; vous n'en avez pas même détaché une seule pierre. Vous ressemblez à des moucherons qui s'attacheroient à la base d'un rocher pour le ronger et pour essayer de le faire écrouler. Cessez donc d'être si fiers, et ne vous vantez plus d'être plus habiles que les Néron, les Dèce, les Galère, les Dioclétien, contentez-vous de soutenir que vous les avez surpassés par votre bonne volonté.

Il est vrai que le Sauvageon a terriblement battu et endommagé l'arbre à deux cimes. Mais en cela les impies conviennent eux-mêmes qu'ils ont remporté une triste victoire. A quoi leur sert aujourd'hui d'avoir chassé les religieuses de leurs cloîtres, d'avoir démoli tant et de si superbes monumens érigés par la piété de nos ancêtres? Cela prouve-t-il que la religion est fausse, et qu'il n'y a point d'enfer? Hélas non! Cela prouve simplement qu'ils sont méchans, et qu'ils méritent les châtimens éternels, dont ils voudroient nier l'existence et perdre le souvenir. Voilà le dogme terrible que le Sauvageon espéroit d'anéantir en déchargeant sa rage sur les deux beaux arbres: mais malheureusement pour lui, le premier arbre, dont la destruction lui auroit donné gain de cause, est précisément celui qui a fortement et constamment résisté à tous les efforts de sa fureur. Les philosophes sont donc parfaitement confondus: ils n'ont rien gagné, si ce n'est le regret déchirant d'avoir commis des crimes inutiles.

Bien plus, ils ne peuvent pas même se vanter

d'avoir entièrement vaincu le deuxième arbre, puisque le tronc et les racines en ont été conservés, et que déjà depuis plusieurs années l'arbre à deux cimes commence à refleurir et à porter du fruit. On dit que le Sauvageon, qui est toujours sur pied, se propose incessamment de recommencer ses attaques. Point de doute, telle est évidemment sa propension naturelle; il est essentiellement malfaisant, il est de même nature que les démons, il ne peut exister sans faire le mal. Mais ce n'est plus l'état de la question; il s'agit de savoir ce que deviendra le Sauvageon lui-même.

« Après cette terrible opération, j'entendis une voix qui cria: coupez le Sauvageon par la racine, qu'il soit détruit et qu'on ait soin de conserver les deux premiers arbres. A peine ces mots furent-ils prononcés, que j'entendis frapper l'arbre maudit et je le vis tomber et rouler avec fracas jusqu'au bas de la montagne. »

Tel est la triste destinée qui attend le Sauvageon. celui qui a prononcé l'arrêt ne se trompe jamais; tout ce qu'il annonce obtient infailliblement son exécution. Déjà la hache est posée à la racine de l'arbre. Les premiers coups de cette terrible hache se sont fait entendre à Moscow, à Leipsik, et à Waderloo. Si l'orgueilleux Sauvageon résiste encore, il ne tardera pas à tomber lourdement et à rouler avec fracas au fond de la vallée. On dit que sa chûte ressemblera à celle d'une meule de moulin lancée du sommet d'une haute montagne, elle sera prompte et terrible.

Il est essentiel de remarquer que le Sauvageon doit être coupé par la racine, et non arraché. Delà il suit que tandis que le tronc ira tristement pourrir au bas de la montagne, sa racine demeurera dans la terre. Or, de cette racine maudite naîtra un germe funeste qui produira le Sauvageon des derniers jours. L'arbre de la philosophie périra, mais sa semence sera conservée. Tel autrefois il exista dans l'Arabie un arbre singulier, que la fable travestit en phénix, qui, après avoir été brûlé, renaissoit de ses cendres. La philosophie ne sera pas entièrement exterminée, c'est le phénix, la grande merveille de l'enfer; elle renaîtra de sa cendre impure. On dira : la voilà encore ; elle est plus hideuse et plus abominable que jamais.

CHAPITRE VII.

Perspective de la conscience des apostats.

Les grands maîtres de la vie spirituelle ne seront pas étonnés du préambule que va faire la sœur Nativité, avant d'en venir à sa narration. Ils savent qu'il existe dans la piété des secrets ignorés non seulement des mondains, mais encore de la plupart des personnes vertueuses. Ce sont des mystères dont la connoissance n'est aucunement nécessaire au salut, et qui sont réservés à un petit nombre d'ames privilégiées, dont le chef invisible de l'église se sert pour l'accomplissement de ses desseins.

« C'est ici, mon père, une des circonstances de ma vie où je puisse dire, avec plus de certitude, si je puis en avoir en ce genre, que J. C. m'est apparu visiblement; je croyois du moins le voir des yeux du corps, et je suis encore dans cette persuasion. Il me paroissoit très-bien fait et d'une taille avantageuse : son maintien grave et majestueux inspiroit la vertu, respiroit la décence, et commandoit le respect : je ne sais quoi de divin éclatoit dans tout son extérieur et reluisoit surtout dans sa figure, au point que le voyant et et répondant à tout ce qu'il me disoit, je n'osois jamais fixer son visage pour en discerner les traits. Mais qu'on suppose, si on veut, que tout cela s'est passé dans la lumière purement intérieure, de quelque manière que la chose ait eu lieu: voici quelle fut la conversation que nous eûmes ensemble et dont il s'agit de vous rapporter le résultat précis.

J. C. Couvert d'un manteau, marchoit le plus souvent devant moi ; il me conduisit ainsi sur une hauteur située au milieu d'une vaste campagne. Là, il me fit voir deux hommes debout et immobiles, éloignés l'un de l'autre d'un bon jet de pierre ; nous nous plaçons au milieu de cet espace; c'étoit un chrétien et un idolâtre ; J. C. me dit, en me montrant du doigt le chrétien placé à notre droite du côté de l'orient. (Voilà le malheureux enfant apostat de mon église ; il a éteint en lui les lumières de la foi, il ne me connoît plus, il rougit de ma doctrine et ne cherche qu'à s'éloigner de moi....) Et en effet je remarquai qu'il avoit le dos tourné vers J. C. tandis que le dos de l'autre n'étoit tourné qu'à demi, puisqu'il étoit de côté, ayant l'épaule vers nous. Soudain, par une lumière divine, J. C. me fit pénétrer dans l'intérieur du premier, et j'y vis une conscience si criminelle, que le souvenir m'en fait encore frémir.... Ciel ! c'est un désordre affreux de crimes abominables !....

Une certaine lumière qui passoit au travers de ce cahos ténébreux, m'en faisoit apercevoir toutes les horreurs, oui, mon père, à la faveur de ce rayon, je voyois des spectres épouvantables, des monstres de différentes espèces, tailles et figures, qui, toujours en mouvement, sembloient se heurter, se lutter et se combattre, se culbuter, passer et repasser incessamment les uns par-dessus les autres, dans leur lutte, quand ils paroissoient un peu se départir et se séparer en se renversant de côté et d'autre, ils me laissoient voir une multitude, une infinité d'autres petits monstres, de figures plus hideuses encore, qui, comme une fourmillière, sembloient renaître et se reproduire; ils sortoient en foule de certains recoins où ils avoient été cachés sous les plus grands. Cette apparition, mon père, m'inspira une si grande terreur, que j'en étois à demi-morte; je voyois autour de moi que l'ombre de la mort, l'image de l'enfer et du dernier malheur; car une telle conscience n'est que l'acheminement à la malheureuse éternité.

Épouvantable peinture! Tel est le véritable portrait d'un homme régénéré par la philosophie: voilà ce que deviennent ces misérables apostats, qui abjurent les maximes de J. C. et celles de son église, pour écouter les apôtres de l'impiété. Qui n'admirera l'habilité de ces maîtres séducteurs, qui ont reçu le don infernal de convertir les hommes en démons, de la même manière que Lucifer lui-même a été converti d'ange de lumiere en ange de ténèbres ! Les spectres hideux, de diverse forme et grandeur, qui passoient et repassoient les uns devant les autres, qui se pressoient, se culbutoient, et laissoient voir derrière eux des fourmillières d'autres petits monstres effroyables, n'expriment que foiblement les horreurs entassées dans la conscience de la plupart des hommes de nos jours. Sans doute, il a existé dans tous les temps, et dans tous les lieux des scélérats et des pécheurs insignes ; mais aujourd'hui ils sont multipliés comme les sables de la mer. L'univers ne présente plus que l'image d'une immense. Sodome, où les scandales sont devenus si monstrueux, si universels, que la vertu et la piété ne peuvent y séjourner plus long-temps.

Il faut ou que la société périsse ou qu'une divinité tutélaire vienne à son secours. Or, comme le monde ne doit pas encore finir, il paroît indubitable que le Dieu Sauveur ne tardera pas à se montrer à son église, et fera un coup d'éclat pour terrasser la philosophie et mettre une digue au torrent dévastateur de l'irréligion et l'immoralité. Il en sera question dans la suite.

CHAPITRE VIII.

Le Dragon et la belle maison. Allégorie prophétique.

Les seuls livres saints exceptés, que l'on parcourt tous les ouvrages, qui traitent de la religion, on ne trouvera rien de plus intéressant ni de plus extraordinaire, que l'allégorie suivante. Il sera difficile de ne pas y reconnoître le doigt de Dieu. *Digitus Dei est hîc.*

« J'étois en esprit sur le sommet d'une montagne, où je jouissois d'un air pur et du coup d'œil d'un buisson des plus charmans. Sur cette belle montagne s'élevoit une maison très-régulièrement construite et d'une apparence des plus imposantes, ce qui me choquoit, c'étoit d'en voir toutes les avenues libres et toutes les entrées ouvertes de toutes parts, aux étrangers qui y accouroient en foule avec un air très-dissipé.

Pendant que j'admirois tout avec des yeux très-attentifs, j'observai que l'air fut tout à coup obscurci par des vapeurs qui s'élevèrent de la terre, et qui, parvenues à la moyenne région, formèrent un nuage noir et épais qui fut insensiblement poussé vers la montagne par un vent brûlant, qui partoit d'un certain côté de l'horizon. Cette vapeur malfaisante, qui déroboit la clarté du jour, annonçoit un orage terrible, aussi bien que le tourbillon qui l'agitoit. Je soupçonnois un désastre, mais j'aperçus sous le nuage, un objet sensible, qui, pendant un instant me fit compter sur le secours d'en haut. C'étoit un espèce de croissant, de couleur rousse, qui s'agitoit en tout sens par un mouvement très-précipité, je ne savois si je devois espérer ou craindre de cette apparition que je ne pouvois comprendre, plus il avançoit, et plus je voyois augmenter son agitation, et plus aussi je sentois que mon inquiétude augmentoit.

Enfin, arrivé jusque sur la montagne, il se détache du nuage et vient, pour ainsi dire tomber à mes pieds. O Dieu, mon père, quelle frayeur! C'étoit un épouvantable dragon, dont le corps couvert d'écailles de différentes couleurs, présentoit un aspect effrayant : il avoit le feu dans les yeux et la rage dans le cœur, il dressoit fièrement sa tête et sa queue; armé de ses griffes et d'un double rang de dents longues et meurtrières, il menaçoit de tout mettre en pièces et se précipita aussitôt vers la belle maison, en prenant pourtant un certain détour, comme pour m'éviter, quoiqu'il parût très-animé contre moi.... Je frémis à cette vue, et mon premier mouvement fut de crier de toutes mes forces qu'on fermât les portes et qu'on prit garde à la fureur du dragon... On m'écouta d'un air distrait et moqueur, on me prit pour une folle, une visionnaire, une extravagante. Personne ne se mit en peine de profiter de mes avis, et tout mon zèle ne fut payé que par des ironies et des insultes. Cependant le dragon s'avançoit, et déjà il avoit fait des victimes de sa rage. On commençoit à ouvrir les yeux et demander du secours, lorsque Dieu me commanda d'attaquer le monstre et l'empêcher de nuire. Mais, quelle apparence, disois je, qu'une pauvre fille comme moi, sans armes et sans force, qui n'a pas même le courage d'y penser, puisse jamais en venir à bout? J'eus beau m'en défendre, il fallut obéir à l'ordre qui exigeoit le sacrifice de ma vie pour le salut de tous. Je le fis sans plus délibérer, je me précipitai donc sur le dragon, pour l'arrêter et le combattre. O prodige! à peine l'eus-je attaqué qu'il ne pût résister: ce fut le lion entre les mains de Samson. Dans ce moment je le mis en pièces, malgré tous ses efforts.... Je déchirai, dans un transport véhément, ses membres palpitans; et les spectateurs comprirent le danger dont je les avois délivrés.

Il s'est écoulé bien du temps, mon père, avant que cette vision m'ait été expliquée. Enfin J. C. vient de m'en donner le sens, à peu près dans ces termes: rappelez-vous, ma fille, la vision que vous eûtes en telle circonstance de votre jeunesse.

je me la suis rappelée, comme je viens de vous la raconter ; sur cela, voici ce qu'il m'a dit.

La montagne où vous étiez alors, représentoit le royaume de France ; les portes et les avenues en étoient ouvertes à tous les étrangers, parce que depuis long-temps la dissipation et la curiosité du françois, plus encore l'amour de la liberté, qui lui sont comme naturels, le rendoient très-susceptible de nouveautés en fait de croyance, et très-capable de donner dans les systêmes les plus extravagans. Il n'est rien que l'on ne puisse admettre avec de pareilles dispositions.

Ces vapeurs grossières qui se sont élevées de la terre et qui ont obscurci la lumière du soleil, ce sont les principes d'irréligion et de libertinage qui produits en partie de la France, et en partie venus de chez l'étranger sont parvenus à confondre tous les principes, à répandre partout les ténèbres et obscurcir jusqu'au flambeau de la foi comme celui de la raison.... L'orage s'est poussé vers la France, qui doit être le premier théâtre de son ravage après en avoir été le foyer.... L'objet qui paroissoit sous le nuage figuroit la révolution ou la nouvelle constitution qu'on prépare à la France ; il vous paroissoit venir du ciel, quoiqu'il ne fut formé que de vapeurs de la terre; vous ne l'avez bien connu qu'en le voyant d'après sa forme et ses projets désastreux; de même, la nouvelle constitution paroîtra à plusieurs, tout autre qu'elle n'est; on la bénira comme un présent du ciel, quoiqu'elle ne soit qu'un présent de l'enfer que le ciel permet dans sa juste colère : ce ne sera que par ses effets qu'on sera forcé de reconnoître le dragon qui vouloit tout détruire et tout dévorer.... Enfin, par mon ordre et mon secours vous en avez triomphé. Ici, ma fille, vous représenteriez mon église assemblée qui doit un jour foudroyer et détruire le principe vicieux de cette criminelle constitution. »

J. C. a daigné lui-même donner la clef de cette allégorie. Il ne s'agit donc pas de l'expliquer, mais simplement d'y ajouter quelques observations, qui ne seront pas sans intérêt.

Les vapeurs malfaisantes qui formèrent le terrible ouragan de la révolution, sont évidemment les mêmes que celles qui sortirent du puits de l'abyme, ouvert par Luther en 1517, ou environ.

La description qu'en donne J. C., est parfaitement conforme à celle donnée par St. Jean l'Evangéliste. Ces vapeurs noires et épaisses *obscurcirent la lumière du soleil.* Ce sont les principes d'irréligion et de libertinage, qui ont répandu les ténèbres sur la terre, confondu toutes les nations, obscurci et le flambeau de la foi et celui de la raison. La fumée pestilentielle sortie du puits de l'abyme produisit premièrement une infinité d'hérésies, qui après avoir exercé leurs ravages pendant cinq mois d'années, furent réunies dans une seule impiété, la plus monstrueuse qui ait jamais paru sur la terre, et que l'on a fort mal à propos décorée du beau nom de philosophie. La philosophie à son tour, engendra ce dragon effroyable, qui a dévasté et dévaste encore notre infortunée patrie, et menace toujours de nous dévorer entièrement. Telle est la généalogie du monstre. Son corps est couvert d'écailles de différentes couleurs, parce qu'il est l'assemblage hideux de toutes les impiétés d'Arius, de Luther, de Calvin, et de tous les hérésiarques. Il a un double rang de dents longues et meurtrières, pour désigner les deux principaux objets de sa rage, le trône et l'autel.

Or, maintenant, voici ce qui mérite une attention spéciale. St. Jean, après avoir assigné cinq mois pour le règne des hérésies, ajoute cinq autres mois de malheurs et de tourmens, ce qui forme en tout trois cents ans. Ce terme est expiré, puisque ceux qui prennent encore le titre de Luthériens, et qui ne le sont plus. (le luthéranisme n'est plus qu'un vain nom, s'il est fondu dans la philosophie), viennent de célébrer leur année séculaire. De là on a conclu que le dragon de la révolution ne tardera pas à être exterminé.

Cependant au même moment que l'on écrit ceci,

(le 7 février 1818), le bruit se répand que le monstre est plus furieux que jamais, et pour employer les expressions de la sœur, il présente un aspect effrayant; il a le feu dans les yeux et la rage dans le cœur; il dresse fièrement sa tête et sa queue; armé de ses griffes et d'un double rang de dents longues et meurtrières, il menace de tout mettre en pièces.

Ce qu'il y a de certain c'est que le monstre odieux ne se donne pas même la peine de cacher ses détestables complots: il a l'insolence de les faire publier, et par les discours de ses orateurs, et par les écrits périodiques, qui lui sont vendus, et par un déluge de livres infâmes composés par ses plus zélés partisans. il se croit arrivé au plus haut degré du triomphe. C'en est fait, ose-t-il nous dire dans le délire de son orgueil, la victoire est à moi: je régnerai, et toutes les puissances de la terre ne peuvent plus me résister; il faudra que tout cède à ma force invincible. Je foulerai aux pieds les rois et les prêtres; ils seront eux-mêmes régentés par mes lois.

Qu'est-ce que tout cela prouve? Rien autre chose, sinon que le monstre entre dans son agonie, et que voyant la mort s'approcher, il combat contre elle par des mouvemens convulsifs. On se représente un scélérat arrivé à son heure suprême, il rassemble les forces qui lui restent pour exhaler sa rage et son désespoir, par des blasphêmes et des absurdités. Ceci mérite un chapitre particulier.

CHAPITRE IX.

Fin tragique du monstrueux reptile. Suite de l'allégorie précédente.

Il est nécessaire de reprendre quelques passages et d'y ajouter un petit commentaire. On verra des choses étonnantes.

« Cependant le dragon s'avançoit et déjà il avoit fait des victimes de sa rage. On commençoit à ouvrir les yeux et demander du secours, lorsque Dieu me commanda d'attaquer le monstre et de l'empêcher de nuire. Mais quelle apparence, disois-je, qu'une pauvre fille comme moi, sans armes et sans force, qui n'a pas même le courage d'y penser, puisse jamais en venir à bout ? J'eus beau m'en défendre, il fallut obéir à l'ordre qui exigeoit le sacrifice de ma vie pour le salut de tous. Je le fis, sans plus délibérer.

Je me précipitai donc sur le dragon, pour l'arrêter et le combattre.... O prodige ! A peine l'eus-je attaqué, qu'il ne peut me résister : ce fut le lion entre les mains de Samson : Dans ce moment je le mis en pièces, malgré tous ses efforts... Je déchirai, dans un transport véhément, ses membres palpitans ;

et les spectateurs comprirent le danger dont je les avois délivrés. »

Le temps expliquera ces paroles mystérieuses.... En attendant voici une réflexion :

Goliath faisant fléchir la terre sous sa pesanteur, et tremblant lui-même sous la pesanteur de ses armes, menaçoit l'armée d'Israël d'un air plein de hauteur et de jactance. Le voilà qui s'avance fièrement contre un jeune berger qui vient lui présenter le combat; pour qui me prends-tu ? Je te prends pour un insolent à qui je vais couper la tête. Un coup de fronde part, et l'énorme géant tombe lourdement comme une masse de plomb. Le jeune David avoit un bras vigoureux, et l'on conçoit qu'un caillou lancé par lui et dirigé avec dextérité, pouvoit produire un grand effet : mais que l'effroyable monstre de la philosophie, qui se vante insolemment d'être plus fort que toutes les puissances de la terre, soit du premier coup terrassé par une jeune fille, cela paroît plus surprenant. Quelqu'incroyable que soit ce prodige, il s'accomplira. La corruption est devenue aujourd'hui si universelle, la contagion a tellement gagné dans toutes les classes de la société, que ce n'est guère que parmi les vierges chrétiennes, parmi les amantes de J. C. que l'on trouve des cœurs purs et chastes ; c'est à cette troupe innocente qu'est principalement réservée la gloire d'écraser la tête au serpent de l'impiété. Foulant aux pieds les vanités périssables, jalouses de suivre l'agneau, partout où il ira, pénétrées des sentimens d'une tendre piété, elles environnent les autels du Seigneur, lui offrent l'encens de leurs ferventes prières, et font une telle violence à son cœur, qu'il sera comme forcé de se montrer à son église et d'exaucer les vœux de ses épouses chéries. Oui, ce sont les prières des ames innocentes et pleines de ferveur, qui porteront au dragon le coup mortel. Il le sait, et c'est pour cela qu'il écume de rage à la vue des pieuses réunions qui se font aux pieds des autels de Jésus et de Marie.

Orgueilleux Sauvageons, qui ne brillez que par votre feuillage; sages sublimes, qui appelez vos conceptions généreuses et libérales, précisément parce qu'elles sont pleines d'impiétés, d'infâmie et de scélératesse, philosophes présomptueux, qui prétendez que l'univers est devenu votre conquête, savez-vous, ou plutôt, croyez-vous que votre char de triomphe sera bientôt renversé dans la boue? Ce malheur vous arrivera, et pourquoi? C'est qu'il y a un Dieu et une providence, quoique vous en puissiez dire. Il y a trop long-temps que la vertu est opprimée; elle commence à se plaindre au cie des rigueurs qu'elle endure; elle demande à sortir du creuset; elle crie vers le Seigneur, et ne cesse jour et nuit de lui adresser cette prière: *Exurge, Deus, judica causam tuam....* O Dieu! levez-vous, jugez votre cause, confondez l'orgueil de ceux qui vous insultent et qui, non contens de tant et de si grands outrages qu'ils ont déjà faits à votre religion, se proposent de recommencer et de lui déclarer une guerre nouvelle, toujours plus atroce et plus furieuse.... Voilà, grands philosophes, ce qu'il y a de plus terrible contre vous. Dites tant que vous voudrez, que les puissances de la terre ne peuvent rien contre vous, mais sachez que vous n'avez par encore vaincu J. C. L'innocence et la piété sont devenues la pierre angulaire, contre laquelle viendra se briser votre tête orgueilleuse, et l'on dira encore ce qui est écrit depuis près de trois mille ans: *infirma mundi elegit Deus, ut confondat fortia, ut non glorietur omnis caro in conspectu ejus.*

Mais il y aura pour les précepteurs du genre humain, quelque chose de plus humiliant: C'est le secret renfermé dans ces courtes paroles de la sœur: « Je déchirai, dans un transport véhément; ses membres palpitans..... »

« Ici, ma fille, lui dit le Seigneur, vous représentez mon église assemblée, qui doit un jour foudroyer et détruire le principe vicieux de cette criminelle constitution. »

Ainsi donc, non seulement le dragon sera terrassé, mis à mort, mais il sera vidé, ses entrailles seront arrachées, desséchées, pulvérisées et ses cendres infectes seront précipitées au fond des enfers.

On pulvérisera surtout son double ratelier de dents longues et meurtrières. La philosophie a dit : l'église doit en toutes choses être soumise à l'autorité des souverains ; et le concile décrétera: les souverains dans l'ordre spirituel, doivent obéir à l'autorité de l'église. La philosophie a dit: le Roi doit être soumis à la souveraineté de la nation: et le concile décrétera, la nation doit être soumise à la souveraineté du Roi... etc. Alors le Sauvageon sera dépouillé de son beau feuillage ; on le forcera de restituer tout ce qu'il a dérobé à l'évangile, et il paroîtra dans toute sa nudité ; dans toute sa difformité: son tronc hideux, coupé par la racine, roulera au bas de la montagne, et le lieu où il s'arrêtera, sera une vallée de malédiction, dont personne n'osera plus s'approcher. Cette prédiction est tout ce que l'on peut dire de plus mortifiant contre les philosophes. Quoi donc ? On ose leur prophétiser que leurs institutions si généreuses et si libérales seront frappées d'anathême par ces mêmes prêtres, qui devoient être si bien sifflés, et dont ils se flattoient d'avoir anéanti la domination ? En vérité, c'est trop fort. Dieu lancera-t-il contre les philosophes un trait si aigu, exercera-t-il contre eux une vengeance si ingénieuse ?

Il n'y a guère moyen d'en douter. Arius fut condamné dans le concile de Nirée ; Nestorius dans celui d'Ephèse ; Phocius dans celui de Lyon et de Florence ; Luther dans celui de Trente. Toutes les hérésies ont été frappées d'anathême.

Pourquoi la philosophie, hideux assemblage de toutes les hérésies réunies, sera-t-elle seule exceptée de la règle générale?

Mais quelle apparence que cela puisse arriver? Tout ceci n'est qu'un rêve, la sœur Nativité va répondre:

« Voilà sans doute, mon père, des malheurs bien terribles; mais je ne dois pas vous céler les espérances que Dieu me donne du rétablissement de la religion et du recouvrement des pouvoirs de notre St. Père le Pape. Quelle consolation pour vous et pour moi! Quelle joie pour tous les vrais fidèles! Je vois dans la divinité une grande puissance conduite par le St. Esprit, et qui, par un second bouleversement rétablira le bon ordre... Je vois en Dieu une assemblée nombreuse des ministres de l'église, qui, comme une armée rangée en bataille, et comme une colonne ferme et inébranlable, soutiendra les droits de l'église et de son chef, rétablira son ancienne discipline; en particulier, je vois deux ministres du Seigneur qui se signaleront dans ce glorieux combat par la vertu du St. Esprit, qui enflammera d'un zèle ardent tous les cœurs de cette illustre assemblée.

Tous les faux cultes seront abolis, je veux dire, tous les abus de la révolution seront détruits, et les autels du vrai Dieu rétablis. Les anciens usages seront remis en vigueur; et la religion, du moins, à quelques égards, deviendra plus florissante que jamais.... »

Ces paroles renferment trois points remarquables.

1.° Dieu suscitera une grande puissance protectrice de la religion. Ce n'est point une certitude métaphysique, mais il est très-vraisemblable que cette puissance sera celle des Bourbons. La preuve, c'est qu'en même temps que cette illustre famille est chérie de tous les cœurs vertueux, et de tout ce qu'il y a de plus respectable et de plus éclairé dans le monde, elle est en but à toute la rage de l'enfer. Satan la redoute, un sinistre pressentiment l'avertit de ce qu'il doit attendre de sa part; et c'est la raison pour laquelle il lui a voué une haîne éternelle. Mais qu'importe que l'enfer n'en veuille point, si le ciel s'est déclaré en sa faveur?

2.° Les institutions philosophiques seront renversées, pour faire place aux vrais principes qui forment la base des sociétés. Cela ne peut être autrement. Il est dans l'essence des choses que le crime ne soit pas toujours triomphant. Toutes les fois que l'impiété a rempli la mesure de ses crimes, elle est près de sa chûte. Tel est l'ordre invariable de la providence.

3.° A l'aide de la puissance tutélaire qui doit s'établir, il sera convoqué un concile écuménique, qui fera infiniment d'honneur à la religion, heureux les deux ministres qui se signaleront dans cette auguste assemblée?

Sur tous ces points il est inutile de faire des conjectures, toutes les combinaisons humaines seront déjouées, le dévoucment de la grande scène ne peut être éleigné; le voile qui le dérobe à notre connoissance ne tardera pas à se déchirer: les ténèbres du grand siècle des lumières seront dissipées: tous les yeux s'ouvriront; toutes les oreilles entendront, toutes les bouches publieront les merveilles du Seigneur, l'impie seul ne se réjouira pas.

CHAPITRE X.

L'Aurore de la délivrance.

La sœur Nativité, qui a dépeint la révolution par tant de traits caractéristiques, n'a-t-elle rien dit touchant la situation extraordinaire, dans laquelle nous nous trouvons depuis quelques années ? Que l'on examine attentivement le passage suivant, et que l'on soit frappé d'étonnement :

« A toutes ces figures, je crois devoir ajouter quelques autres circonstances et traits frappans qui me paroissent y avoir beaucoup de rapports, et dont vous ferez encore l'usage qu'il vous plaira.

J'ai vu en esprit une grande salle, qui avoit assez l'air d'une église, elle étoit presque remplie de prêtres revêtus d'aubes très-belles et très-fines, comme pour une grande fête, mais ils n'avoient point de chasubles ni de chapes, ils étoient tous frisés et poudrés à blanc, leur contenance et leur figure annonçoient le contentement et la gaieté ; ils chantoient des airs de jubilation ; quelques - uns d'eux lisoient tout haut des productions en vers et en prose auxquelles les autres applaudissoient, en se récriant: cela est bon, cela est excellent, cela est de toute beauté, il n'y a pas moyen d'y répondre.... C'étoient différens ouvrages, différentes preuves composées pour la défense de la bonne cause. J'étois ravie de joie en voyant leur contentement. Bon, me disois-je à moi-même, voilà pourtant quelque chose qui annonce une pleine victoire!.... Que Dieu soit béni, et que sa religion et sa cause triomphent!.... Enfin le bon ordre va reparoître.

Mais pendant que j'allois me livrer à ces doux transports, j'aperçus à côté de moi l'enfant Jésus, qui en eût bientot modéré les saillies par le peu de paroles qu'il m'adressa, il me parut âgé de trois ans, il tenoit en main une grande croix, et me dit, en me regardant d'un air triste: ma fille, ne vous y fiez pas: vous allez bientôt voir du changement, tout n'est pas fini, et ils ne sont pas au bout comme ils le pensent, non, croyez-moi, il n'est pas encore temps de chanter victoire, voilà bien l'aurore qui commence; mais le jour qui suivra sera pénible et orageux.

Dans le manuscrit qui a servi à faire ce petit ouvrage, se trouve une note qui dit: « Cet endroit comme tout le reste a été lu par un évêque mort à Gersey dans l'an 1792, par conséquent six à sept ans au moins avant que nous en ayons vu l'accomplissement littéral, dont tout le monde a été frappé. »

Cela prouve que l'on a confondu la puissance protectrice qui doit rétablir l'ordre, avec cette puissance orgueilleuse qui a ravagé la vigne, *qui s'est comme revêtue des pouvoirs de notre St. Père le Pape, dont elle a méprisé la personne et l'autorité.* A coup sûr personne ne s'avisera de dire aujourd'hui que l'aurore a commencé depuis 1800. Encore une fois, le sens des prophéties ne peut être parfaitement expliqué qu'à l'époque de leur accomplissement.

Ce n'est point à l'arrivée de l'exterminateur, ni à l'occasion du concordat de 1801, que les amis de la religion se livrèrent aux élans d'une joie vive et pure : ils comprirent trop bien que ce n'étoit pas encore le temps de se réjouir, et de chanter victoire ; et si quelques-uns se laissèrent tromper par de fausses apparences, ils ont dû trouver que l'aurore a prodigieusement long-temps précédé l'arrivée du soleil.

Quand est ce donc que l'on a vu paroître les véritables rayons de l'espérance ? C'est en 1814, lorsque le trône des Bourbons fut rétabli sur sa base antique, et que les lys commencèrent à refleurir. Alors l'ivresse des cœurs vertueux fut parfaite. Tandis que les temples du Seigneur retentissoient de cantiques de louanges et d'actions de graces, les rues des cités retentissoient de chants d'allégresse et de cris de jubilation. Les orateurs, les écrivains, les poëtes s'empressoient tous à l'envie de composer des discours, des ouvrages, des pièces de vers pour célébrer l'heureux évènement de l'arrivée du prince légitime. On y applaudissoit avec enthousiasme : *c'est excellent ; c'est de toute beauté ; il n'y a pas moyen d'y répondre.* Sans parler de fêtes innombrables qui furent célébrées dans toute l'étendue de la France, qu'on se rappelle les brillans et superbes pélérinages que l'on fit à Lyon dans le temple de Marie, situé sur la montagne de Fourvière. Il est rapporté dans le texte que les prêtres revêtus d'aubes très-belles et très-fines, comme pour une grande fête, n'avoient point les ornemens qu'ils portent dans la célébration des saints mystères. C'est pour marquer que l'évènement prédit seroit heureux pour l'église, sans cependant avoir un rapport direct avec l'objet de ses grandes solemnités, et qu'il se rapporteroit plus à l'ordre de la société qu'à celui de la religion. Cela signifie surtout, que les affaires de l'église ne seroient pas encore arrangées, et souffriroient de grandes difficultés. C'est du moins le sens que l'on peut attacher à ce vêtement des prêtres encore très-incomplet.

Alors on répétoit mot pour mot les paroles de la sœur Nativité : *que Dieu soit béni*, *que sa cause triomphe*, *enfin le bon ordre va reparoître.*

Etrange illusion ! Nous disions : le triomphe de la vertu est assuré : c'est clair, c'est évident, il n'y a rien à répliquer. Depuis ce temps là une fatale expérience nous a trop bien prouvé que nos argumens n'étoient rien moins que victorieux. On nous a répliqué d'une telle force que notre joie a fini par se changer en tristesse.

« Tandis que je me livrois à ces doux transports, j'aperçus à côté de moi l'enfant Jésus, qui en eut bientôt modéré les saillies, par le peu de paroles qu'il m'adressa: il tenoit en main une grande croix, et me dit, en me regardant d'un air triste: ma fille ne vous y fiez pas: vous allez bientôt voir du changement: ils ne sont pas encore au bout comme ils le pensent. Non, croyez-moi, il n'est pas encore temps de chanter victoire, voilà bien l'aurore qui commence, mais le jour qui suivra sera pénible et orageux. »

Jamais prophétie ne s'est plus littéralement accomplie.

On ne s'attendoit guère que les hommes signalés par leur félonie, leurs parjures, leurs noires trahisons, leurs rapines, leur impiété, deviendroient blancs comme la neige, et que la vertu, la fidélité, l'honneur deviendroient rouges comme l'écarlate. Les plus zélés défenseurs de la justice et de la vérité sont aujourd'hui travestis en conspirateurs, ou plutôt, ce qui est bien plus odieux, sont accusés de supposer des soulèvemens séditieux, pour avoir l'abominable plaisir de satisfaire leur vengeance et de répandre le sang innocent. La calomnie est trop atroce: elle mérite d'être signalée: elle fera époque. Rien ne prouve mieux l'accomplissement de la prédiction. *Le jour qui suivra sera pénible.* Oui, sans doute, il est si amer, que les cœurs vertueux sont affreusement oppressés et peuvent à peine respirer. Est-ce donc ainsi que l'on a profité de la mémorable leçon de 1815? Faut-il nous attendre à en recevoir encore une autre plus terrible?.... O pauvre France! Tu ressembles à cet homme de l'évangile, qui étoit possédé par le démon impur. Le génie du mal paroissoit vouloir se retirer de toi; mais ennuyé de demeurer dans l'inaction, il a dit: le crime est mon élément; il faut que je reprenne le cours de mes attentats. Je vais rentrer dans ma maison. Il est revenu en effet avec de nouvelles forces, il a renversé les remparts que l'on avoit commencé à construire pour ta défense, et ton nouvel éclat est devenu pire que le premier. Après avoir traversé un océan immense de crimes et de malheurs, tu es replongée dans une nouvelle mer de douleurs et de calamités. *Fiant novissima hominis illius pejora prioribus.*

O malheureuse France! Si ton Dieu, pour t'annoncer ce surcroît de misères inattendues, a pris la forme d'un enfant portant une grande croix, c'étoit pour exprimer d'une part son extrême foiblesse et de l'autre la grandeur de tes dernières infortunes.

Cependant console-toi, il n'en est pas moins vrai

que l'aurore de ta délivrance a commencé. *Le jour pénible et orageux*, qui devoit suivre, touche à sa fin; plus il est obscurci par les sombres et sinistres nuages de l'impiété, plus tu dois espérer que la fin de tes maux n'est pas éloignée. L'orage qui gronde sur toi, éclatera sans doute par des foudres étincelantes et terribles; mais ces tonnerres dirigés par une justice vengeresse, tomberont sur les impies, qui ont juré ta perte. Ils seront écrasés, et tes véritables enfans chanteront le cantique de louange au sortir de l'esclavage.

Si J. C. qui a régné si long-temps sur le cœur des François, si le Dieu de nos pères, daignoit encore aujourd'hui lui faire entendre sa voix, il nous diroit: je laisse monter mes ennemis et les vôtres, c'est afin que leur chûte devienne plus profonde et plus éclatante. Je les ai appelés tantôt par les tendres avances de ma miséricorde, tantôt par les coups rigoureux de ma justice: ils ont méprisé l'une et l'autre: ils se sont moqués et de mes caresses et de mes menaces; ni les traits de ma bonté, ni les traits de mon indignation n'ont pu pénétrer la cuirasse de l'incrédulité, qui couvre leur conscience. Je leur ai ouvert mon cœur, je les ai mille fois invités à venir s'y réfugier; mais ils m'ont constamment prouvé qu'ils n'y viendroient que pour y enfoncer des épines. S'il étoit en leur pouvoir de se saisir de ma personne, ce seroit pour eux une douce jouissance de me crucifier de nouveau. Eh bien ! puisque c'est leur bon plaisir de me haïr et de me persécuter, ne me ferai-je pas à mon tour un plaisir de leur perte ? La mesure de leurs crimes est comblée, elle déborde; il est temps que je leur fasse connoître que je sais me venger. Je leur montrerai que je suis juste et que je suis Dieu. Les traits qu'ils lanceront contre mes amis, contre les justes, retomberont sur eux-mêmes. La prophétie de mon disciple bien aimé et de mes épouses s'accomplira : les impies se mordront la langue dans l'excès de leur douleur; la philosophie ne pourra plus consoler ceux qui survivront aux châtimens que je leur prépare. Tout l'univers en apprenant l'histoire des vengeances, que j'exercerai contre eux, sera frappé d'étonnement, et tous les échos de la terre répéteront que je suis le Roi du ciel et de la terre, et que d'un seul mot je calme les flots et la fureur des tempêtes. Il y a trop long-temps que je purifie mes enfans par le feu de la tribulation, encore quelques alarmes, et ils sortiront du creuset dans lequel ils me prouvent leur constance et leur fidélité; ils sauront que je n'ai jamais détourné d'eux mes regards de complaisance et de teudresse. Je leur prouverai que je suis toujours dans la barque, que c'est toujours moi qui la gouverne lors même que je parois endormi.

Ce discours qui n'est pas inconnu, ressemble singulièrement à nn passage du livre de la sœur

Nativité, sans qu'il y ait eu la moindre confrontation antérieure ni le plus léger plagiat.

« Autrefois J. C. ne me parloit de la persécution actuelle de son église, que pour déplorer la perte des ames et l'offense de la divinité. Il ne me paroissoit que comme un pontife pacificateur pour appaiser la colère de son père et fléchir sa justice à l'égard du pécheur. Aujourd'hui au contraire il ne me parle que des trophées de sa passion, des victoires de son église et de la punition de ses ennemis dont il se prépare à tirer une vengeance éclatante. Je vois qu'il se rit de leurs discours et se moque de leurs projets extravagans. Quel motif d'espérance !....

Voici, me dit-il, que mes ennemis se réjouissent et se disent entre eux: courage, tout va bien, nous sommes bientôt au-dessus de nos entreprises, et notre victoire sera bientôt complète !.... Ah! mon père, je n'ose m'expliquer, tant la crainte me saisit !... Que les jugemens de Dieu sont terribles, sur ceux qui lui résistent! Que ses châtimens sont rigoureux! Je vois un tourbillon de la colère divine qui va les engloutir, et les ensevelir au moment où leur impiété croyoit toucher au but... Quel épouvantable fléau, je vois descendre sur eux! Dieu dans sa vengeance les frappe de l'aveuglement de l'esprit et de l'endurcissement du cœur. Il les frappe de l'impénitence, et malheureusement c'est l'impénitence finale qu'il leur destine, et par conséquent c'est le plus grand de tous les malheurs qui leur est réservé !... La lumière du ciel va leur être ôtée, et déjà ces aveugles volontaires ne voyent plus rien dans les vérités de la foi !... Sans goût pour les choses du ciel et du salut, leur cœur est plus dur que la pierre que Moïse frappa deux fois dans le désert. Les eaux salutaires de la pénitence n'en couleront jamais. Ce cœur insensible à la grace, n'éprouve qu'une affreuse disposition à la révolte contre Dieu. Il n'a que de l'aversion, du mépris et de l'horreur pour la personne adorable de J. C., et le ciel n'est pas plus éloigné de la terre, qu'il est éloigné de la pénitence. C'en est donc fait de ces malheureux! Oui, je regarde l'arrêt de leur condamnation comme prononcé. Leur perte est comme arrêtée. Ce n'est pas que Dieu ne puisse absolument retirer une ame de cet état; mais ce ne sera jamais que par un miracle d'une grace extraordinaire, qu'il n'accorde presqu'à personne et qu'il n'accordera certainement pas à celui qui tant de fois, s'en est rendu volontairement indigne. Je sais encore une fois, que la miséricorde divine est infinie ; mais ce n'est jamais qu'à l'égard du pécheur pénitent, et quiconque meurt dans l'impénitence libre, dans l'aveuglement volontaire, meurt dans la haîne de Dieu et consomme en mourant sa réprobation.

Mes ennemis se réjouissent, me dit-il encore;

mais leur joie sera suivie de bien des chagrins, ils élèvent des trophées contre moi, mais sur les trophées de leur victoire, j'établirai leur ruine et leur défaite. Leur mesure est pleine et bien toute à son comble. Les méchans font des décrets contre mon église, mais suivant les décrets de ma justice, ils périront avec leurs décrets et leurs lois sacrilèges. Oui, encore une fois, ils périront, l'arrêt en est porté ; leur sentence est prononcée, de mon bras puissant je les précipiterai comme la foudre au fond des abymes, ils y tomberont avec la même promptitude et la même violence que Lucifer et ses coupables révoltés. C'est le sort qui les attend et qu'ont déjà subi plusieurs de leurs partisans, et même un de leurs principaux chefs, Dieu me l'a nommé, mais il exige que je me taise sur cet article, qu'il se réserve de manifester quand il en sera temps : car, dit-il, leurs noms et leurs personnes seront connus au jour de mes vengeances.

En attendant que je manifeste leurs criminels complots aux yeux de toutes les créatures, en attendant que leur perfidie et leur insolence paroissent à découvert, à la face du ciel et de la terre; je laisse à leur impie cabale rendre à leur odieuse mémoire tous les honneurs dûs au courage et aux belles actions des hommes vertueux. Mais les choses changeront de face, et enfin le crime aura ce qui lui est dû. Ma justice aura son tour: elle triomphera des uns et fera triompher les autres, et tout cela par les mérites de mon sang, et le triomphe de ma passion. Cela est juste et nécessaire : il faut enfin que la vertu opprimée paroisse et l'emporte à son tour. Il faut que tout rentre dans l'ordre : et tous les éloges que l'on prodigue aujourd'hui, au crime et à l'irréligion n'empêcheront pas qu'à présent même des hommes criminels et impies qui en sont l'objet, ne soient les victimes de ma juste colère. »

Une infinité d'impies ont déjà reçu le juste salaire de leurs blasphêmes et de leurs attentats sacrilèges; mais cela n'a point empêché l'impiété de triompher, presque sans interruption jusquà ce jour. Les magnifiques paroles, que l'on vient de lire, doivent donc obtenir un accomplissement plus parfait.

Il ne reste plus qu'à observer que tout cela s'accorde parfaitement avec ce que dit St. Jean, en parlant des châtimens réservés aux impies du cinquième âge.

Voici ces paroles :

« Le cinquième ange répandit sa coupe sur le trône de la bête, et son royaume devint ténébreux, et les hommes se mordirent la langue dans l'excès de leur douleur. Mais ils blasphêmèrent le Dieu du ciel, à cause de leurs maux et de leurs plaies, et ils ne firent point pénitence de leurs œuvres. »

Qu'on veuille ou qu'on ne veuille pas ouvrir les yeux, voilà ce qu'a dit le Seigneur.

CHAPITRE XI.

Le soleil dans l'équinoxe et près de son couchant. Figure prophétique.

Le passage suivant ne se rapporte pas directement à l'histoire de notre temps ; cependant on croit devoir le placer ici, à cause de l'intérêt qu'il inspire et des paroles qui le terminent, et qui sont extrêmement consolantes pour les fidèles et annoncent le rétablissement de l'ordre dans l'église et dans l'état.

« Je me suis trouvée plus d'une fois, au moins en esprit, dans une vaste campagne dont je vous ai déjà parlé. Un jour que j'y étois seule, et avec Dieu seul, J. C. m'apparut; et du sommet d'une éminence me montrant un beau soleil attaché à un point de l'horizon, il me dit d'un air triste : La figure du monde passe, et le jour de mon dernier avènement approche. Quand le soleil est à son couchant, poursuivit-il, on dit que le jour s'en va et que la nuit vient.... Tous les siècles sont un jour devant moi; juge donc de la durée que doit encore avoir le monde par l'espace qui reste encore au soleil à parcourir. » Je considérai attentivement, et je jugeai qu'il ne restoit au plus qu'environ deux heures de hauteur au soleil. J'observai aussi que le cercle qu'il décrivoit tenoit un certain milieu entre les jours longs et les jours courts de l'année.

Voyant que J. C. ne me paroissoit point opposé au désir qu'il me donna sans doute, de lui faire des questions sur certaines circonstances de cette vision frappante, je me hasardai de lui demander si le jour dont il me parloit devoit se compter d'un minuit à l'autre, ou du crépuscule du matin à celui du soir; ou bien du soleil levant au soleil couchant. Sur cela il me répondit: mon enfant, l'ouvrier ne travaille que durant que le soleil est sur l'horizon; car la nuit met fin à tous les travaux. Malheur à celui qui travaille dans les ténèbres, et qui n'aura point profité de la lumière du soleil de justice qui s'étoit levé pour lui. C'est donc, ma fille, depuis le soleil levant jusqu'au couchant, qu'il faut mesurer la longueur du jour... N'oubliez pas, ajouta-t-il, qu'il ne faut plus parler de mille ans pour le monde. Il n'a plus que quelques siècles en petit nombre de durée. Mais je vis dans sa volonté qu'il se réservoit à lui-même la connoissance précise de ce nombre, et je ne fus pas tenté de lui en demander davantage sur cet objet, contente de savoir que la paix de l'église et le rétablissement de sa discipline devoient durer encore un temps assez considérable. »

Ce seroit créer des difficultés inutiles de vouloir calculer d'après les règles de l'astronomie et de la chronologie, la valeur d'environ deux heures de hauteur que la sœur donnoit encore au soleil, dans cette vision extraordinaire. Elle a jugé d'après les apparences et ses paroles ne doivent pas être prises à la lettre ; puisque J. C. lui dit en termes formels : « N'oubliez pas qu'il ne faut plus parler de mille ans pour le monde ; il n'a plus que quelques siècles en petit nombre, de durée. » Au reste rien n'empêchera tout à l'heure de revenir sur ce point quand on aura vu le véritable sens de cette figure prophétique. C'est comme si le fils de Dieu se fut expliqué de la manière suivante : Ma fille, tout le temps de la durée du monde, depuis son origine jusqu'à la fin des siècles, n'est qu'un seul jour devant Dieu. Le soleil qui préside à ce jour c'est le flambeau de l'éternelle vérité, qui éclaire les esprits et les consciences, et d'après laquelle les hommes doivent diriger leurs pensées, leurs paroles et leurs actions. Les cercles que décrit ce soleil, désignent les générations qui se succèdent les uns aux autres, et qui, parce qu'elles sont toutes achetées au prix de mon sang, reçoivent les graces et les lumières nécessaires pour arriver à la connoissance de la vérité.

Vous avez remarqué que le soleil décrivoit un cercle qui tenoit le milieu, à peu près, entre les jours longs et les jours courts de l'année. C'est qu'en effet le soleil de justice est placé dans l'équinoxe. Il éclaire également tous les peuples. Dieu veut le salut de tous de la même manière. S'il y a des jours longs et des jours courts, si le soleil reste plus ou moins de temps sur l'horizon, cela dépend du libre arbitre des hommes. Ils reçoivent plus ou moins de lumières, selon qu'ils ont plus ou moins de bonne volonté pour profiter des graces qui leur sont accordées.

Vous m'avez demandé si le jour dont je vous ai parlé, doit se compter d'un minuit à l'autre, ou du crépuscule du matin à celui du soir; ou bien du soleil levant au soleil couchant. A cela je vous ai répondu: l'ouvrier ne travaille que pendant que le soleil est sur l'horizon: la nuit met fin à tous ses travaux. Saisissez bien le sens de cette réponse. C'est là où git toute la difficulté.

L'heure de minuit, signifie la mort. Il n'est plus temps de travailler à son salut. La justice a succédé à la miséricorde.

Le crépuscule du matin désigne la première enfance, où l'homme n'a pas encore l'usage de la raison. Il ne peut encore rien faire de méritoire.

Le crépuscule du soir, c'est l'âge de la décrépitude, ou la proximité de la mort. En commençant si tard à s'occuper de l'éternité, il est bien difficile et presque impossible de changer d'habitudes, de sentimens et d'inclinations.

Il faut donc que l'homme travaille depuis le soleil levant jusqu'au soleil couchant, depuis le premier instant où sa raison commence à l'éclairer jusqu'à son dernier soupir.

De là, ma fille, vous devez distinguer deux jours qui sont de même nature, mais qui diffèrent par leur durée.

Le premier est accordé à tout le genre humain, il a commencé avec le monde et finira avec lui. Le soleil levant de ce jour c'est la création et le soleil couchant. c'est le jugement universel. Pendant tout cet intervalle les élus se forment, et quand leur nombre sera complet, le jour finira. Vous avez remarqué que le soleil qui préside à ce long jour, n'avoit plus environ que deux heures d'élévation; jugez de ce que sont environ deux heures relativement à vingt-quatre heures que l'on compte dans le jour. C'est pour cela que je vous ai dit qu'il ne faut plus compter par mille, mais par centaines en petit nombre.

L'autre jour incomparablement, plus court, est accordé à chaque homme en particulier et devient plus ou moins long selon les variétés de la vie humaine. De là la maxime de mon évangile : marchez tandis que la lumière vous luit, de peur que les ténèbres vous surprennent. *Ambulate dùm lucem habetis ne vos tenebræ comprehendant.*

Pour conclusion, ma fille, le monde finira bientôt pour tout le genre humain, et il finit tous les jours pour les hommes pris isolément, à mesure qu'ils sont moisonnés par la mort.

Ce qu'il y a de plus frappant dans cet endroit du livre de la sœur Nativité, c'est qu'il s'accorde parfaitement, non seulement avec l'opinion très-ancienne des plus illustres Peres et Docteurs de l'église, mais encore avec les révélations de St. Jean l'évangéliste. Selon les Pères le monde doit durer environ six mille ans. Chaque millénaire correspond à l'un des six jours de la création. Le septième jour, qui est le sabat ou le repos, désigne l'éternité bienheureuse, le repos éternel. Selon l'Apocalypse, la durée de l'église sur la terre, est divisée en sept périodes de temps, que l'on appelle les sept âges.... Nous sommes placés dans cinquième qui est déjà très-avancé. Le sixième commence à l'arrivée de l'Antechrist, et le septième au jugement universel. Ce dernier sera stable et comprend l'éternité, attendu que le sort des hommes sera éternellement fixé par une sentence irrévocable. L'existence future de l'église militante sur la terre n'est donc plus composée que de la fin du cinquième âge et de la durée du sixième. Que l'on se donne la peine de remonter aux véritables sources; que l'on consulte tous les livres les plus savans et les plus estimés, qui traitent ce sujet, et l'on sera convaincu que jamais il n'exista un accord plus parfait.

Reste à faire une courte réflexion sur les dernières paroles, qui nous concernent spécialement. « Je ne fus pas tentée de lui en demander davantage sur cet objet, contente de savoir que la paix de l'église et le rétablissement de sa discipline devoient durer encore un temps assez considérable. »

Donc la fin du cinquième âge sera un temps de consolation et de prospérité pour les amis de J. C. L'église refleurira, non plus par les richesses et les grandeurs humaines, ce qui n'est rien, mais par la foi et par les vertus de ses enfans. Qui ne comprend que cela doit être ainsi? Si la foiblesse extrême, où elle se trouve réduite aujourd'hui, alloit toujours en augmentant, comment pourroit-elle résister aux fureurs de l'Antechrist? Il est essentiellement nécessaire qu'elle ait le loisir de respirer, de rétablir ses forces, et de se préparer aux terribles combats qui lui sont annoncés pour la prochaine période et qui surpasseront de beaucoup tous ceux qu'elle a soutenus depuis son établissement jusqu'à nos jours. Les impies cuirassés, soutenus d'un grand nombre de braves gens, qui ont un bandeau sur les yeux, et qui refusent d'être éclairés, diront qu'une pareille annonce est du fanatisme tout pur. Avant que l'église puisse obtenir des triomphes, ne faut-il pas que la redoutable forteresse de la philosophie soit renversée? Qui la renversera? Cette objection d'enfant, fait penser à l'histoire de la prise de Jéricho.

Tandis que l'armée de Josué fait des processions mystérieuses autour de la place, les assiégés, fiers de la force de leurs remparts, se moquent de ce nouveau genre d'attaque. Le septième jour arrive, et tandis qu'il sont bien en train d'insulter à l'armée d'Israël par toutes sortes d'ironies impies, soudain un cri effrayant d'allarme fait tréssaillir tous les cœurs. Qu'est-ce que c'est? Qu'est-ce qui arrive? Ce sont les murailles, les tours qui s'écroulent, la forteresse est ouverte de toutes parts: Le Dieu d'Israël a signalé sa puissance.

Jusqu'à quand les chrétiens de nos jours, accoutumés à parler le jargon de la philosophie, excluront-ils la providence de leurs raisonnemens, et s'imagineront-ils que J. C. reste neutre dans la lutte actuelle qui existe entre le ciel et l'enfer? Bientôt, bientôt, les tours et les remparts s'écrouleront et l'on dira la forteresse des philosophes est tombée et les a ensevelis sous ses ruines.

Voici donc tout le sens de ce chapitre: la figure de monde passe, le temps passe, les impies passent, la religion seule demeure éternellement

CHAPITRE XII.

Prédiction effroyable concernant les impies de notre temps.

QUI pourra entendre sans émotion la prédiction suivante! Elle est faite pour jeter la consternation dans les cœurs les plus endurcis. Mais quelque terrible qu'elle soit, elle ne pénétrera pas jusqu'au cœur de l'impie. Jamais cuirasse ne fut plus dure que celle de la philosophie; sortie des fabriques de l'enfer, elle est composée d'un métal capable de résister à la force du tonnerre. Encore si les justes et les imparfaits vouloient ouvrir les yeux et reconnoître sincèrement le doigt de Dieu dans les évènemens! malheureusement la plupart des chrétiens n'ont que trop respiré les vapeurs du lac de Sodome et le poison fatal de l'incrédulité. Ils sont accoutumés à mettre le hasard, la politique, les causes secondes à la place de l'action immédiate d'une justice vengeresse. A plus forte raison sont-ils peu disposés à croire aux avertissemens prophétiques. Le flambeau de la foi n'est pas entièrement éteint dans le cœur des fidèles, mais enveloppé des vapeurs de l'impiété, il jète une lumière si pâle qu'elle suffit à peine pour montrer les précipices qui bordent le chemin du salut.

Dans cette disposition des esprits, tandis que le cœur des méchans est si profondément endurci, et que la vue des bons est si courte et si prodigieusement affoiblie; on ne doit pas craindre de dire des choses trop fortes. Personne ne se troublera. On dira de l'interprête, ce que les enfans de Jacob disoient de leur frère Joseph: *Ecce somniator venit.* Gare le visionnaire.

Cependant toute réflexion faite, on ne répond pas que ce chapitre ne fasse quelqu'impression sur ceux que l'on appelle, en langage du jour, les esprits foibles, peut-être même sur ceux qui ont pris le titre d'esprits forts. Ces derniers ont beau être bien ferrés, bien déterminés, bien dégagés de tout préjugé; l'expérience prouve qu'ils sont dans l'habitude de se fâcher, dès qu'on leur parle des châtimens terribles que Dieu leur prépare. C'est un point sur lequel ils sont intraitables,
Et ils ne pardonnent pas à ceux qui s'avisent de troubler le sommeil perfide, dans lequel leur ame est ensevelie. Au reste chacun dira ce qu'il jugera convenable. Toutes les considérations humaines doivent être mises à part, quand il s'agit de donner aux hommes des avertissemens infiniment salutaires.

« Sans profiter en rien de ce que l'écriture nous dit des signes avant-coureurs du jugement général, et ne parlant que d'après la lumière qui m'éclaire, je vois en Dieu que long-temps avant que l'Antechrist arrive, le monde sera affligé de guerres sanglantes ; les peuples s'élèveront contre les peuples, les nations contre les nations, tantôt unies, et tantôt divisées, pour combattre, pour ou contre le même parti ; les armées se choquequeront épouvantablement, et rempliront la terre de meurtres et de carnages. Ces guerres intestines et étrangeres occasionneront des sacrilèges énormes, des profanations, des scandales, des maux infinis, par les incursions qu'on fera dans la Ste. église, en usurpant ses droits, dont elle recevra de grandes afflictions... »

Arrêtons-nous là, telle est la première partie de la prédiction. Que le lecteur judicieux et désintéressé la relise attentivement, qu'il examine chaque phrase, qu'il pèse scrupuleusement chaque mot, qu'il fasse surtout attention à ces paroles; *sans profiter en rien de ce que l'écriture nous dit des signes avant-coureurs du jugement universel... long-temps avant que l'Antechrist arrive...* ; et lorsque son examen sera terminé; il dira c'est mot pour mot l'histoire du règne de l'exterminateur qui a paru de notre temps. Si l'on s'avisoit de fabriquer une prophétie après coup, il seroit impossible de la faire plus juste, plus exacte, plus précise, plus circonstanciée.

Il avoit donc parfaitement raison cet homme de génie, qui naguère, dans un discours solemnel, très-justement admiré, dépeignoit les guerres de Napoléon, comme celles qui doivent précéder l'arrivée de l'impie des derniers jours, *gens contra gentem.*

Or, voici ce qui doit commencer à ouvrir les yeux aux aveugles. La premiere partie de la prophétie est littéralement accomplie. Ce fait ne souffre aucune discussion, ni objection : Toute l'Europe en a été témoin, tout l'univers l'a entendu raconter : De là n'est-il pas infiniment probable que la deuxième partie s'accomplira également? L'accomplissement si parfait de la première n'est-il pas une présomption très-forte, et presqu'invincible pour l'accomplissement de la deuxième ?

Que l'on s'arme de courage pour entendre cette dernière, elle est faite pour altérer, pour consterner et faire pâlir d'effroi.

« Outre cela, je vois que la terre sera ébranlée en différens lieux par des tremblemens et des secousses épouvantables. Je vois des montagnes qui se fendent et éclatent avec fracas, qui jètent la terreur dans les environs. Trop heureux si on en étoit quitte pour le bruit et la peur! Mais non ; je vois sortir de ces montagnes, ainsi séparées et entr'ouvertes, des tourbillons de flammes, de fumée, de souffre et de bitume, qui réduisent en cendres des villes entières. Tout cela et mille autres désastres doivent précéder la venue de l'homme de péchés.... »

Il y aura donc des contrées, des villes qui serviront d'exemple et seront exterminées par des fléaux vengeurs, comme autrefois Sodome et Gomorre, soit qu'elles soient embrasées par le feu, ou englouties sous les eaux !!!

Et sur quelles villes tombera la foudre de la colère divine ?... Que le lion s'arme de courage et qu'il livre son cœur à l'espérance...

O impies! Vous avez dit, et vous osez encore le répéter ouvertement aujourd'hui, que les mémorables évènemens de Moscow et d'autres semblables, sont purement et simplement dans l'ordre de la nature et que le ciel n'y est pour rien. Vous êtes donc plus impies que l'impie Antiochus, qui au moins rendit hommage à la main toute puissante qui le frappoit : Tout païen et tout scélérat qu'il étoit, il ne disoit pas comme vous ; le mal, qui me dévore et me déchire les entrailles est dans l'ordre de la nature.

Il le reconnut sincèrement dans son malheur l'action immédiate d'une vengeance céleste. Eh bien! misérables endurcis, il faudra donc que Dieu s'y prenne d'une autre manière pour vous confondre, pour écraser votre orgueil et réfuter vos blasphêmes? Quand vous verrez de nouvelles Sodomes réduites en cendres par le feu du ciel, que deviendra votre philosophie, et qu'aurez-vous encore à répliquer? Tremblez malheureux! un sinistre pressentiment vous avertit que l'on vous prédit la vérité.

Quand à cette multitude innombrable de demi-chrétiens qui n'espèrent en Dieu que par leurs froides paroles; qui parlent de la providence comme des gens qui n'y ont pas grande confiance ou qui n'y croyent pas; qui ne cessent de mettre en avant les causes secondes, avec l'air de faire abstraction de la cause première; qui n'ont pas plus d'élévation dans leurs raisonnemens, que n'en avoient les sages parmi les païens; on se permet de leur dire: ne demandez plus comment l'ordre sera rétabli dans la religion: la prédiction que vous avez sous les yeux vous explique de quel moyen Dieu se servira: tous les secrets sont là.

St. Jean l'évangéliste après avoir dépeint les ravages causés par les armées et les partisans du Gog de notre temps, finit par ces dernières paroles; *Ignis descendit de cœlo et devoravit eos.* Le feu descendit du ciel et les dévora.

Des choses semblables ont été prêchées dans

la chaire de vérité, et ce n'est point d'après le livre de la sœur Nativité, ni d'après l'Apocalypse. Voilà un sujet de méditation, et pour les justes et pour les pécheurs. On va essayer de leur fournir quelques idées.

Il est tout naturel de penser que le maître souverain sera comme forcé de recourir à des punitions surnaturelles, pour mettre à la raison nos orgueilleux régénérateurs du genre humain, qui ont prétendu savoir mieux éclairer le monde que n'avoit fait J. C., la splendeur du père, la sagesse éternelle. Tant et de si grands crimes, qu'ils ont commis, et qu'ils continuent de commettre avec une audace incompréhensible, s'ils restoient plus long-temps impunis dans ce monde, finiroient par exciter une infinité de murmures et de blasphêmes contre la providence. Hélas! les murmures et les blasphêmes sont déjà depuis long-temps à l'ordre du jour : on est tellement las d'être sous la tyrannie des philosophes, on trouve leur joug de feu si dur et si insupportable, on est si indigné de voir toujours la religion bafouée, horriblement maltraitée, que l'on demande tous les jours et à chaque instant du jour : Où est donc le Dieu des chrétiens? *Ubi est Deus eorum?* Les impies eux-mêmes encouragés par l'impunité, fiers de ces mêmes succès, qui devroient les couvrir de honte, insolens, impudens, jusqu'au plus haut dégré de malice et d'impudeur, regardent les chrétiens fidèles d'un air de pitié et demandent avec un sourire moqueur : où est donc leur Dieu ? *Ubi est Deus eorum?* Tant de malheureux françois, qui ne se sont jamais écartés d'une seule ligne du sentier de la fidélité, qui ont tout sacrifié à la religion et à l'honneur, étonnés de se voir constamment méprisés, répoussés, calomniés, persécutés, demandent à leur tour; où est donc le Dieu de nos pères. *Ubi est Deus eorum?* Tout l'univers demande : où est donc J. C. le sauveur des hommes, le protecteur de l'innocence opprimée, le consolateur des malheureux? *Ubi est Deus eorum?* La vertu, l'innocence, la justice, la religion, la société demandent à grands cris que J. C. daigne se montrer à son église et mettre un terme à nos longues douleurs. Ne faut-il pas qu'il se réveille de son apparent sommeil, et qu'il fasse éclater sa puissance de manière à terrasser d'un seul coup tous les impies de la terre? Il le fera, puisqu'il a promis de ne jamais abandonner ses amis. *Et ecce vobiscum sum omnibus diebus usque ad consommationem sæculi.* Je serai avec vous jusqu'à la consommation des siècles.

La philosophie a séduit tous les hommes, les Rois et les bergers, les riches et les pauvres, les savans et les ignorans; elle règne dans les palais et dans les chaumières, dans les vastes cités et dans les profondes solitudes; elle a franchi les mers, a pénétré jusqu'aux extrémités de la terre.

La mesure de ses crimes est comblée, elle déborde; le torrent de ses immondices inonde tout l'univers : il faut donc qu'elle soit écrasée, ou que la religion périsse. La religion ne périra pas, mais la philosophie sera terrassée par un coup d'éclat épouvantable, foudroyant.

Le monstrueux reptile se vante aujourd'hui d'être plus fort que toutes les puissances de la terre. Oui, sans doute, il peut s'en vanter sans qu'on soit fondé de l'accuser de vaine jactance, à raisonner d'après les apparences humaines : mais par là même l'Hydre infernale a prononcé son propre arrêt. C'est donc Dieu seul qui lancera sur elle ses foudres vengeresses, et confondra son orgueil par un coup de tonnerre, qui fera trembler tout l'univers. Patience; bientôt les philosophes ne demanderont plus avec ironie! Où est donc le Dieu des chrétiens ? *Ubi est Deus eorum ?*

Quand aux justes, ils ne doivent pas s'effrayer, ils seront protégés, et quand même ils seroient placés dans les contrées désignées dans le conseil de l'éternel, pour servir d'exemple, il y a toute apparence qu'ils seront avertis et auront le temps de se sauver. Telle a toujours été la conduite de Dieu envers ses amis. Toutes les fois que des villes criminelles furent exterminées par le feu du ciel, ou par d'autres fléaux miraculeux, le Seigneur eut la bonté d'envoyer dire à ses enfans : fuyez de Babylonne et mettez-vous en lieu de sûreté. C'est ainsi que le père du jeune Tobie, lui disoit: Mon fils, dès que vous m'aurez fermé les yeux, fuyez de Ninive: la colère de Dieu ne tardera pas à fondre sur elle. C'est ainsi que J. C. lui-même disoit à ses disciples : lorsque vous verrez toutes ces choses, fuyez de Jérusalem. Mille exemples paroissent prouver que la terrible catastrophe sera précédée par des signes d'alarme et des avertissemens salutaires.

CHAPITRE XIII.

Le glaive et le flambeau.

« J. C. m'a fait voir un certain chemin étroit, obscur et ténébreux, environné de satellites et de gens armés pour en interdire l'approche... Tout-à-coup parut un homme fort et robuste, qui se disposoit à passer par ce chemin; il tenoit de la main gauche un flambeau et de la droite un glaive à double tranchant. Il entra dans le chemin obscur, marchant à la lueur de son flambeau : et se battant à droite et à gauche avec son glaive, comme s'il eut eu une armée entière à combattre. Il y avoit autour du chemin obscur un grand nombre de précipices où les satellites tâchoient de le faire tomber. Enfin, malgré leurs embûches et leurs efforts, cet homme puissant et courageux arriva heureusement au terme, et se tourna alors vers ses ennemis pour insulter à son tour à leur foiblesse et leur lâcheté....

Plus on approchera du règne de l'Antechrist et de la fin du monde, me dit J. C. en m'expliquant cette apparition, plus les ténèbres de Satan seront répandues sur la terre, et plus ses satellites feront d'efforts pour faire tomber les fidèles dans ses pièges et ses filets.

Pour échapper à tant de dangers, il faudra que le chrétien marche le glaive et le flambeau à la main, et qu'il s'arme de courage comme cet homme robuste que tu viens d'admirer.... »

Comment donc? On nous annonce que l'église doit refleurir par les vertus, que sa discipline sera rétablie, que Dieu suscitera une puissance tutélaire pour la protéger; est-il possible d'accorder toutes ces choses, avec le glaive qu'il faudra porter d'une main, pour combattre les ennemis, et avec le flambeau qu'il faudra tenir de l'autre, pour apercevoir les abymes? Que l'on ne s'y méprenne pas, *le monstre de l'impiété périra, mais il renaîtra.* Le Sauvageon sera coupé, mais sa racine restera dans la terre. Cette maudite ne tardera pas à pousser de nouvelles tiges. St. Jean dit formellement que les impies endurcis, qui survivront aux châtimens, ne se convertiront pas et continueront de blasphêmer.

Dès les premiers temps de leur chûte épouvantable, couverts de honte et de confusion, ils s'enfuiront dans les ateliers souterrains de Satan, pour fabriquer de nouveaux complots. Ils attendront le moment favorable et on les verra un jour sortir de leurs arsenaux ténébreux, armés de pied en cap, précédés de toute l'artillerie de l'enfer et ils deviendront plus redoutables que jamais. Il leur faudra du temps, trop foibles dans les commencemens, ils n'attaqueront pas l'église à force ouverte; ils préluderont par des erreurs monstrueuses qu'ils tâcheront de cacher sous le voile de la religion. Ensuite jetant le masque de l'hypocrisie, devenus plus hardis et plus audacieux, ils déclareront ouvertement à la religion de J. C. la guerre la plus sanglante et la plus atroce. Se précipitant de crimes en crimes, de sacrilèges en sacrilèges, de scélératesses, en scélératesses, ils ne seront plus simplement les précurseurs et l'avant-garde de l'Antechrist, mais ils composeront son corps d'armée.

Enfin ce chef suprême des impies viendra se mettre à leur tête et l'enfer sera déchaînée pour la dernière fois.

Il n'est donc pas difficile de comprendre que malgré les nouveaux triomphes promis à l'église, les fidèles devront toujours être armés du glaive de la vigilance et de la prière, pour se défendre des satellites de Satan, et du flambeau de la foi, pour éviter les écueils et les gouffres de la perdition.

Si aujourd'hui déjà les principes sont si horriblement confondus, s'il est si difficile de distinguer la vérité des doctrines mensongères, si les illusions, les séductions sont si dangereuses et si multipliées, que sera-ce vers la fin des temps, lorsque l'impiété et la corruption seront arrivées à leur périgée.. ?

Le glaive et le flambeau seront surtout nécessaires pour se défendre contre les attaques perfides d'une secte ténébreuse, qui a pris sa naissance avec la philosophie, qui a toujours été sa compagne fidèle, et qui va devenir son asyle et son réfuge. Cette secte insidieuse, dont les racines et les ramifications sont prodigieusement étendues, sera la dernière ressource de Satan ; mais il saura en tirer bon parti, c'est par elle et dans elle qu'il produira des chefs-d'œuvre de corruption, de scélératesse et d'impiété. On prétend que de cette secte maudite naîtra l'Antechrist prophête, comme on conjecture que du mahométisme naîtra l'Antechrist souverain.

On sait que ces deux *bêtes* effroyables qui paroîtront vers la fin des jours, ne feront qu'un, de la même manière que la secte en question et la philosophie ne font qu'un aujourd'hui, pour attaquer la religion catholique.

Le moment arrive où le Sauvageon, à la vue de la hache, qui se prépare à le couper, va s'agiter d'une manière terrible. Pendant cette crise qui ne sera pas de longue durée, que les fidèles n'oublient pas de porter le glaive et le flambeau. Avec ces deux armes ils seront invulnérables; le Sauvageon les froissera, mais ne les renversera pas.

Que les montagnes s'entrouvrent, que les abymes vomissent des tourbillons de flammes : celui qui porte le glaive et le flambeau, est à l'abri de tout danger, et s'il meurt, il s'élèvera comme une colombe, dans la bienheureuse immortalité.

CHAPITRE XIV.

Déplorable situation de l'Église durant le règne de l'impiété moderne.

AVANT de terminer ce petit ouvrage, il est comme indispensable de répondre à une question très-raisonnable que l'on pourroit proposer ; s'il est vrai que le Seigneur ait voulu se servir de la sœur Nativité pour faire l'histoire prophétique de la révolution, d'où vient donc que jusqu'à présent il n'a pas été formellement question du schisme désastreux qui a désolé l'Eglise de France? N'est-ce pas une des circonstances les plus saillantes, et Dieu se seroit-il tu sur un point si important?

Bien loin d'avoir gardé le silence sur cet article essentiel, la Ste. religieuse de Fougères a rendu à l'église catholique l'hommage le plus parfait, et jamais personne ne s'est expliqué contre le schisme dans des termes plus énergiques, et ne l'a dépeint sous des images plus vraies et plus effrayantes. Son ouvrage est rempli d'une infinité de traits qui surpassent tout ce que l'on a écrit de plus fort contre les pasteurs infidèles qui ont déchiré la robe de J. C. et trahi la cause de la vérité. Que ceux, qui n'auroient pas encore sincèrement abjuré leurs erreurs, ni pleuré leurs égaremens, frémissent à la lecture des passages suivans, que l'on cite pour exemples parmi un grand nombre d'autres semblables, non moins vigoureux.

« Je crus une nuit voir plusieurs ecclésiastiques revêtus de leurs habits sacerdotaux ; ils avoient à leur tête un évêque aussi dans les fonctions de son ministère.

Leur air sévère et hautain, leurs paroles dures' leurs regards menaçans sembloient exiger les honneurs et les respects de tous; ils forçoient les fidèles à les suivre, à les écouter et à leur obéir. Dieu m'ordonne de leur résister en face; ils ne sont plus, me dit-il, en droit de parler en mon nom, ni dignes de la soumission des fidèles, puisqu'ils ont trahi les intérêts de mon église, et qu'ils ont été infidèles à la foi. C'est contre mon gré, et dans mon indignation, qu'ils exercent encore des fonctions dont ils ne sont plus dignes; loin de me déplaire, vous m'honorez en leur désobéissant; quelque chose qu'ils veuillent exiger de vous, ne les écoutez pas, séparez-vous en; ce que je fis, comme bien d'autres.... Le songe suivant est plus effrayant encore.

Il y a environ trente ou quarante années que

la France me fut représentée comme un vaste désert, une affreuse solitude ; chaque province étoit comme une lande où les passans pilloient et ravageoient tout ce qu'ils pouvoient rencontrer.

Bientôt au déplaisir des vrais fidèles, nos pasteurs et nos vicaires, nos prédicateurs, nos directeurs et nos missionnaires disparurent ; et de nouveaux ministres qu'on ne connoissoit point, en prirent la place et prétendirent exercer les mêmes fonctions, et avoir les mêmes droits. Insensiblement il se fit un si grand changement dans la façon de faire et de penser de mes concitoyens, que je ne pouvois qu'à peine reconnoître mon propre pays. Cependant il s'en falloit bien que ce changement fût total ; je vis que la diversité des opinions y forma deux partis ; ce qui occasionna des troubles et des désordres épouvantables de toutes parts. Mais voici ce qui m'effraya davantage, et m'épouvanta dans cette vision nocturne.... Je vis au fond de cet affreux désert différens troupeaux de brebis mêlés avec des boucs et des chèvres, des singes, plusieurs autres espèces d'animaux hideux que je ne connoissois pas même; les bergers qui les conduisoient étoient autant de monstres plus effroyables encore de beaucoup : les démons, je pense, n'ont pas d'autre figure. Aussi je vis une multitude de peuples fuir leur approche, et se cacher avec crainte et précipitation, pour ne pas être rangés parmi leurs troupeaux dont ils craignoient jusqu'à la vue. Toute épouvantée moi-même, je demandai où étoient leurs pasteurs, les vrais conducteurs de ces peuples errans ; il me fut répondu : ils ont été forcés de fuir, ils sont en exil. »

Graces immortelles soient rendues au Dieu des miséricordes, il n'existe plus ce schisme épouvantable, qui est ici dépeint avec des couleurs si noires et pourtant si naturelles. Il est possible sans doute qu'il en reste encore des traces funestes dans le cœur de quelques pasteurs et de quelques brebis; mais c'est un germe étouffé qui très-vraisemblablement ne pourra jamais rien produire de durable et ne tardera pas à périr entièrement. Que ceux qui ont eu le bonheur de demeurer constamment fidèles, se gardent bien de laisser aller leur esprit à des réminiscences injurieuses à la charité chrétienne, et de faire d'odieuses applications. A Dieu seul appartient le droit de juger les consciences ; nous devons aimer, respecter, honorer tous les ministres de la religion, auxquels l'église a rendu sa confiance, en les revêtant de sa juridiction. De quoi nous serviroit-il d'avoir conservé la foi, si nous étions assez malheureux pour perdre la charité ? Soyons pénétrés d'une vive horreur pour le schisme et l'hérésie, mais soyons indulgens pour tous ceux, qui, après s'être égarés, ont retrouvé le véritable chemin et sont rentrés dans le bercail.

FINALE.

Il faudroit faire un ouvrage très-volumineux pour expliquer toutes les visions et toutes les allégories prophétiques, renfermées dans le livre de la sœur Nativité. On n'a pas même épuisé celles qui prédisent les évènemens de notre siècle. Mais c'en est assez pour étonner les justes et consterner les pécheurs, en qui toute lumière n'est pas encore éteinte.

Ce seroit une grande erreur de penser que le livre de la Ste. religieuse de Fougères n'est admirable que sous le rapport du genre merveilleux. C'est là son moindre mérite. Les vérités de la religion soit dogmatiques, soit morales, y sont exposées avec une telle supériorité de force et de lumière, qu'il est impossible de méconnoître la dictée du divin théologien qui a présidé à l'ensemble de l'ouvrage. C'est un des beaux monumens de l'église de J. C. et l'un des plus riches présens qu'il ait fait à cette épouse chérie. Il sera nommé le livre d'or, et deviendra *le vade mecum*, *le viens avec moi* des fidèles des derniers âges, l'arsenal des confesseurs et des prédicateurs, une source intarissable de consolations pour les bons, et de terreurs pour les méchans. Mille et mille fois, l'impie grincera des dents; Satan lui-même en crêveroit de dépit, s'il pouvoit succomber à à sa rage et à sa malice.

Aussi ce livre extraordinaire n'a-t-il pas dû paroître avant le temps marqué, dans la crainte qu'il n'irritât davantage les furies révolutionnaires et n'attisât le feu de la persécution. Mais dès que le dragon entrera dans les convulsions de la mort, l'ouvrage circulera publiquement et deviendra l'objet de la curiosité des savans et de l'empressement des fidèles.

Il a déjà souffert beaucoup de contradictions dans son état d'obscurité ; à plus forte raison en souffrira-t-il quand il sera manifestement publié. Mais il triomphera de tous les obstacles, traversera le petit nombre de siècles qui restent et ne s'arrêtera qu'aux portes de l'éternité. Le jugement universel mettra fin à tous les livres de l'univers. La vérité sera enfin connue sur la terre aussi parfaitement quelle l'est déjà dans le ciel et dans l'enfer. Heureux ceux qui ne la reconnoîtront pas trop tard ; plus heureux ceux qui la mettent en pratique.

TABLE
DES CHAPITRES.

www.ingramcontent.com/pod-product-compliance
Lightning Source LLC
LaVergne TN
LVHW050421160826
845677LV00002BA/460

9782329735023